井出真吾の

投資相談室《とうしそうだんしつ》

63のQ&Aでわかる安心運用

ニッセイ基礎研究所
主席研究員　チーフ株式ストラテジスト

井出真吾

SHINGO IDE

日本経済新聞出版

はじめに◎データが武器！「安心運用」でインフレ時代を賢く生きる

2024年1月にスタートした新NISA制度によって、口座数・投資額ともに旧NISA時代から大きく増えました。

年間360万円の非課税投資枠をフル活用している人がいる一方、**「なんとなく毎月数万円で投資を始めたけれど、正直よくわかっていない」**という人も多いのではないでしょうか。**「NISA口座は開設したものの、まだ投資はしていない」**という人も少なくないようです。

旧NISA時代から投資をしている人も、

「本当に今の方法でいいのだろうか？」

「株価は本当に上がるのか？」

「今の投資額で老後資金は十分につくれるのか？」

「シニアによい投資法は？」

などの不安や疑問はたくさんあると思います。

このような投資経験が浅い人や、以前から投資をしているけれど一度きちんと勉強したい、**もっと深く正しく投資を知りたい**という人の強い味方となるのが本書です。

「データ」は投資の強い武器

私は株式ストラテジストとして**20年以上、機関投資家や個人投資家向けに情報提供**を続けてきました。なかでも**データ分析を駆使した戦略立案**を得意としています。

データは客観的で誰にでも共通です。

データは**投資に関する都市伝説やモヤモヤを一発で解消**してくれる、あなたの武器となります。

都市伝説1「投資は怖い」→リスクとのつき合い方を知れば怖くない

たとえば、「投資は怖い」という言葉をよく耳にします。「投資をしているとメンタルが削られる」と表現する人もいます。

資産が増えたり減ったりで落ち着かないのだと思いますが、**そもそも投資は手っ取り早**

く儲けるもの（＝投機）ではない、と私は考えています。投資とは本来「長期投資」を指します。投機で儲けるのは非常に難しいことですが、**投資（長期投資）ならインフレに負けず実質的に資産を育てることは難しくありません。**

カギはリスクとの上手なつき合い方です。投資につきもののリスクについて正しく理解し、**リスクとリターンの本当の関係**を知れば、なぜ私が長期投資をおすすめするのかおわかりいただけると思いますし、投資は決して怖くないのだと感じてもらえるはずです。

これは本書でもっとも伝えたいことの1つなので、第1章「実は知らない！投資の真実」の冒頭で説明しています。

都市伝説2「急落したら？」→過去40年のデータが実証

投資を続けていると株価や為替の急落に見舞われることがあります。

近年でも2024年8月5日に日経平均株価が1日で4400円以上も下落して「令和のブラックマンデー」と呼ばれました。**今後も株価が急落することはある**でしょう。

そんなとき、「投資を続けることが大事と頭ではわかっていても、売らずに我慢できるかどうか自信がない」と訴える人もいます。

実は、**下落時にも忍耐や我慢はまったく必要ありません。**

第3章「データで読み解く安心運用〜実践編」で**過去40年近くの検証結果**を紹介しています。このデータをご覧いただければ、短期で売ったり買ったりした場合と長期で保有し続けた場合の違いをご理解いただくことができ、**急落があっても冷静に構えていられる**はずです。

●都市伝説3「つみたて投資こそ最強」→一括投資のほうが安全

よく「一括投資は危ない」とか「つみたて投資のほうが安心」などといわれます。一括投資は直後に株価が下落して大損するかもしれないから危ない、ということでしょう。

それはそれで正しいのですが、まとまった資金を一括投資せずに預貯金で置いておいた場合に、**株価が上昇して儲けるチャンスを逃す**リスクや、**インフレで実質目減りする**リスクを見落としています。

さらにいえば、投資開始から一定期間後の**元本割れ確率は、つみたて投資よりも一括投資のほうが低く**なります。**明らかに一括投資のほうが安全**なのです。

「つみたて投資が最強」は都市伝説に過ぎません。なぜそうなのか、本書ではデータで詳しく解説します。

「つまずかずに、じっくり資産を増やす」知恵

ほかにも、

・年金以外に老後資金はどのくらい必要か
・そのために毎月何万円つみたて投資すればよいか
・いつ投資を始めるのがベストか
・資産は「使い切る」のが賢いのか
・子や孫の将来を見据えた究極の投資とは

など、豊富なデータ分析の裏づけとともに、皆さん**ご自身のマネープランづくり**に役立てていただける内容が盛りだくさんです。

「つまずかずに、じっくり資産を増やす」知恵も学べる本と自負しています。

インフレ時代を賢く生きるために

本書はひとりでも多くの人が資産形成に取り組み、**インフレ時代を賢く乗り越え、豊か**

な老後生活を過ごせることを願って執筆しました。そのためあえて第2章に「データで読み解く安心運用～基本編」という入門的な内容の章を設けたり、少額でも分散投資できる投資信託を前提に論を展開したりしています。

より多くの方に読んでもらえるよう、これまでの拙著よりも目線を少し下げたつもりです。Q＆Aの形式でコンパクトにまとめており、**ショート動画を楽しむ感覚**でまずは気になる項目を読んでいただくこともできます。

一度読んでスッと理解できなくてもまったく問題ありません。本書の内容は賞味期限が長いので、**長い投資人生で迷ったり困ったりしたときに読み返せる**よう、書棚の隅に置いていただけたら幸いです。

皆さまの実りある資産形成を祈念して。

２０２５年３月

井出真吾

ニッセイ基礎研究所　主席研究員　チーフ株式ストラテジスト

井出真吾の投資相談室　63のQ&Aでわかる安心運用　目次

第1章

実は知らない！ 投資の真実

投資を始める前の人、すでに始めた人、投資経験が長い人、すべての人が知っておくべき投資の真実を解説します。

第2章 データで読み解く安心運用～基本編

主に入門的な解説の章です。投資を始めている人もNG行動を取っていないか、「振り返り」や「チェック」として活用ください。

第3章 データで読み解く安心運用～実践編

投資を続けるうえで多くの人が悩むポイントを取り上げ、
データ分析に基づいて解説します。

第4章 NISA、iDeCoの真実

NISAとiDeCoの主な特徴やメリット・デメリットを整理。そのうえで使い分けについても考えます。

第5章

「年金」の真実

「ゆとりある老後」のために、NISAやiDeCoを活用して、いくら貯蓄をつくればよいか考えます。

装幀◎仲條世菜、鈴木大輔（ソウルデザイン）
本文設計・ＤＴＰ◎ホリウチミホ（nixinc）
撮影◎洞澤佐智子
校正◎内田翔

第1章

実は知らない！投資の真実

投資について知っているようで実はきちんと理解していないこと、とりあえず投資を始めたけれど本当にこれでよいのか迷うことは誰にもあります。

この章では投資を始める前の人、すでに始めた人、投資経験が長い人、すべての人が知っておくべき投資の真実を解説します。

Q-1

投資って本当に儲かる？絶対に儲かる？

Ans.

手っ取り早く儲けようとするとヤケドするが、時間をかけてコツコツ資産を育てる気持ちがあれば大丈夫。

私自身は「絶対に儲かる」と思って投資を続けている。

時間を味方に利益を得る

「投資って損するかもしれないんでしょ？　絶対いやだ！」

数年前、友人にいわれた言葉です。当時この友人は40代前半で老後まで20年以上あったので「つみたてＮＩＳＡとか考えてみたら？」と話したところ、全力で拒否されました。

当時、ＮＩＳＡ制度が大幅に拡充される（新ＮＩＳＡ制度が始まる）なんて話すら出ておらず、まだ投資をしていない人にとって「投資」は別世界の話でした。預貯金の金利はほぼゼロ％でしたが、まだ日本では本格的なインフレが始まる前だったので、この友人は「元本割れするより超低金利のほうがマシ」と思っていたのでしょう。

新ＮＩＳＡ制度スタート等をきっかけに投資を始める人が急激に増えましたが、それでも投資未経験者や投資を始めたばかりの人がもっとも気になるのは「本当に儲かるのか」「絶対に損しないのか」ということでしょう。

投資に「絶対」はないのですが、重要な**カギは「時間」（投資期間）**にあります。**株式や株式投資信託（投信）の場合、購入してから5年以内は普通に元本割れします。**10年以内でもいつ元本割れしてもおかしくありません。

しかし、20年、30年と**投資期間が長くなるほど元本割れする確率が下がります。**同時に、期待できる収益が大きくなります。こうした理由から私は**基本的に長期投資を推奨**しており、**具体的な投資期間は「最低10年、理想は20年以上」**です（詳しくは次項以降に説明）。

講演会などで「長期投資なら儲かる可能性が高い」と話すと、たまに「絶対に儲かるのか？」と聞かれます。そんなとき私はこう答えるようにしています。

「投資の話で〝絶対〟は詐欺の手口なので私はそうはいいませんが、心の中では絶対に儲かると思っていますし、少なくとも預貯金で置いておくよりはずっとマシだと思います」

それでも「本当に？　責任取れるんですね？」と念押しする方もいます。「責任取ります！」と答えることはできないので、「実際、**私自身はもちろん、妻も子どもたちも数年前からつみたて投資を続けていますよ**」と返します。

そもそも、「投資をするか、しないか」「いくら投資するか」「どのくらいリスクを取るか」「いつ投資をやめるか」等々はすべて各人の自由です。自由なのですから結果の権利も責任も個々人に帰属するのは当然です。

「成功したら自分の手柄、失敗したら誰かが悪い」という人は最初から投資なんてしないほうがいいでしょう。お互いが不幸になるだけです。

Q-2

「リスク・リターン」の本当の関係は？

Ans.

投資期間が長くなるほど期待できる投資収益は大きくなり、リスクの影響が相対的に小さくなる。その結果、長期の投資ほど元本割れリスクが小さくなる。

リスクの本質を知れば投資は怖くない。

リスク・リターンの本当の意味

投資では多くの人が「リスクが怖い」といいます。確かにリスクは怖いかもしれませんが、大抵の人は**「漠然とした怖さ」**を感じているだけで、「リスクの本当の意味」を理解している人は実は多くないのです。

そもそもリスクとは何でしょうか。まったくの投資初心者は「損することがリスク」と考えるかもしれません。投資理論を勉強したことがある人や投資経験者なら「知ってるよ。投資収益が上下にブレる度合いのことでしょ?」といったところでしょうか。

どちらも正解です。一般に投資理論ではリスクとは「投資収益（リターンといいます）の不安定性、変動率」のことですが、**人間の感覚的には「損失こそリスク」**ともいえるでしょう。実際、投資理論でも「下方リスク」といって、元本など一定の基準値よりも収益が下振れするケースだけをリスクとみなす考え方もあります。

リスク・リターンの本当の意味を図1－1（上段）で説明します。ある金融商品のリスクが年率18％、リターンが年率６％だとします。この年率18％や６％は、「この金融商品

図 1-1　リスク・リターンはこう考える

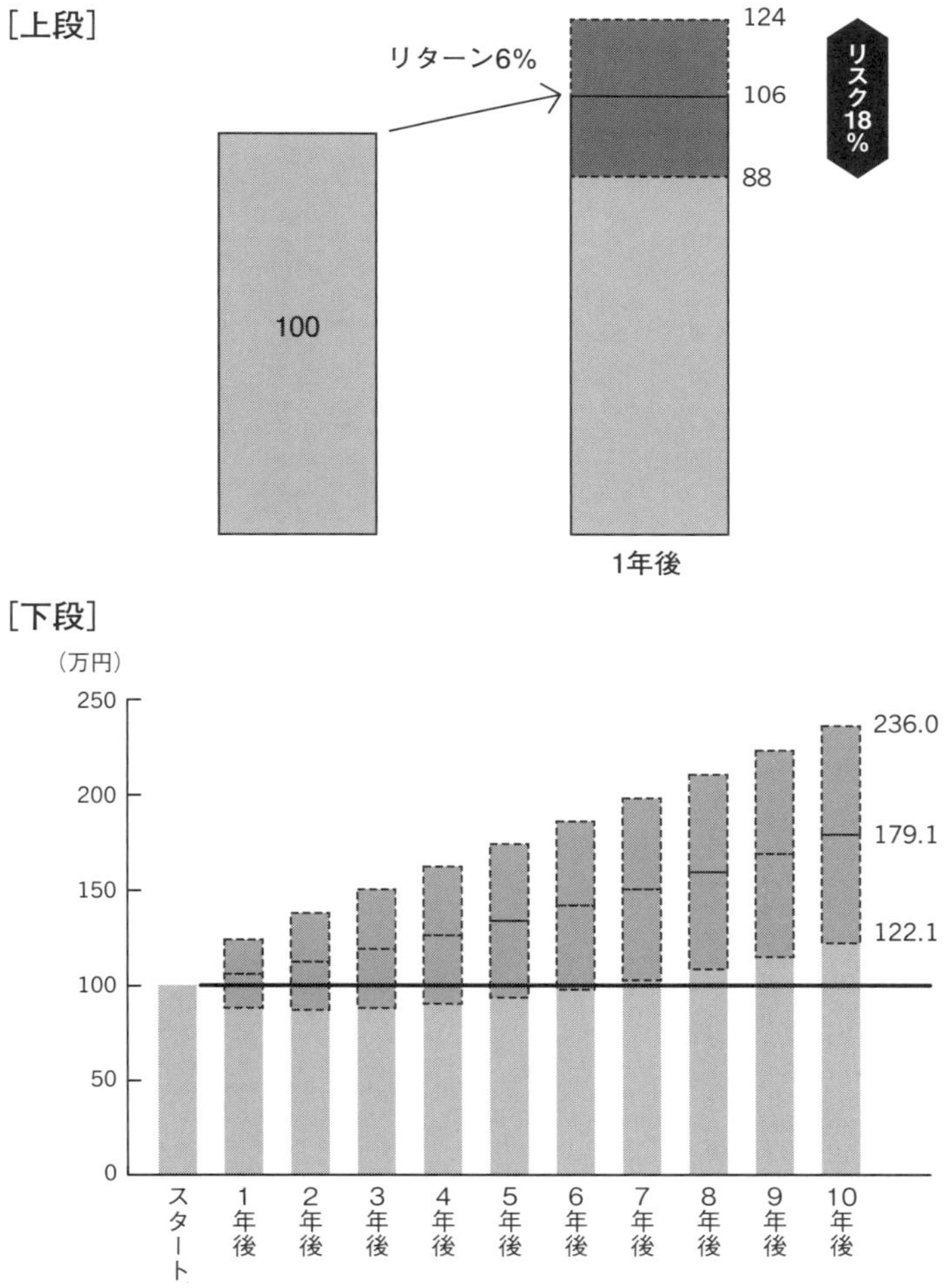

(注)リターン年率6%、リスク年率18%の場合

は1年後に平均6％値上がりし、そこから上下18％ずつの範囲に収まる確率が約68％」という意味です。

仮に100万円投資すると、1年後に平均的には106万円に増えるが、株や投信なので必ず106万円になるわけではなく、約68％の確率で124万円（106万円＋18万円）と88万円（106万円－18万円）の範囲内に収まるということです。つまり、市場環境がよければ**1年後に24万円儲かる可能性もあれば、市場環境しだいでは12万円ほど損するかもしれない**わけです。

複数年後のリスク・リターン

これが2年後、3年後……と投資期間が長くなるとどうなるでしょう。

まず平均的なリターンは1・06×1・06×……という具合に加速度的に増えていきます（これを**複利効果**といいます）。

投資期間が長くなるとリスク（図1－1下段の濃いアミの部分）も徐々に大きくなります。投資開始から5年後や6年後でも、棒グラフ濃いアミの部分の一番下は元本100より小さく、これは「元本割れする可能性がある」という意味です。

ところが、**7年後以降**は棒グラフ濃いアミの部分の一番下が元本100より上にあるので、**「元本割れしにくい」**ということになります。そして10年後は236万円から122万円の範囲に約68％の確率で収まり、**平均的には179万円に増える**ということです。

もちろん10年後でも元本割れする確率はゼロではありませんが、投資開始から2～3年後と比べてずっと小さくなります。

逆にいうと、**投資を始めてから数年以内は、いつ元本割れしてもまったく不思議ではない**ということです。

だからこそ、株式のような**リスク性資産とは長い時間をかけてつき合うのがコツ**なのです。これこそが長期投資の利点であり、私が長期投資をすすめる最大の理由です。リスクとのつき合い方さえ理解していれば、投資は決して怖くありません。

ただし、つみたて投資と一括投資で元本割れ確率は異なります。詳しくは第3章で解説します。

Q-3

「長期投資」の「長期」って何年？

Ans.

最低10年、理想は20年以上。
長ければ長いほど有利になる。

10年後のリターンは10倍超、リスクは3倍強

前項で説明した「リスクとリターンの時間変化」を図示したのが図1－2です。

ある金融商品のリターンが年率6％の場合、1年後のリターンは6％、2年後は12・4％（1・06×1・06）、3年後は19・1％（同）という具合に加速度的に大きくなり、10年後のリターンは79・1％となります。

一方、リスクはどうでしょうか。

年率18％なので「10年後のリスクは10倍の180％」などと考えがちですが、実は約3・2倍の57％程度にしか増えません。図1－2でもわかるように、**リスクは時間が経過すると伸び方が鈍化する**性格のものなのです。

その理由はリスクの算出方法にあります。数学の話になるので詳しくは触れませんが、n年後のリスクは「年率リスク×$\sqrt{n}$」で計算されます。このケースだと10年後のリスクは「18％×$\sqrt{10}$」となるわけですが、$\sqrt{10}$≒3・16なので、年率リスク18％の約3・2倍にしか増えないのです。ちなみに20年後は約4・5倍、30年後は約5・5倍です。

図 1-2　長期投資のリスク・リターン（一括投資の場合）

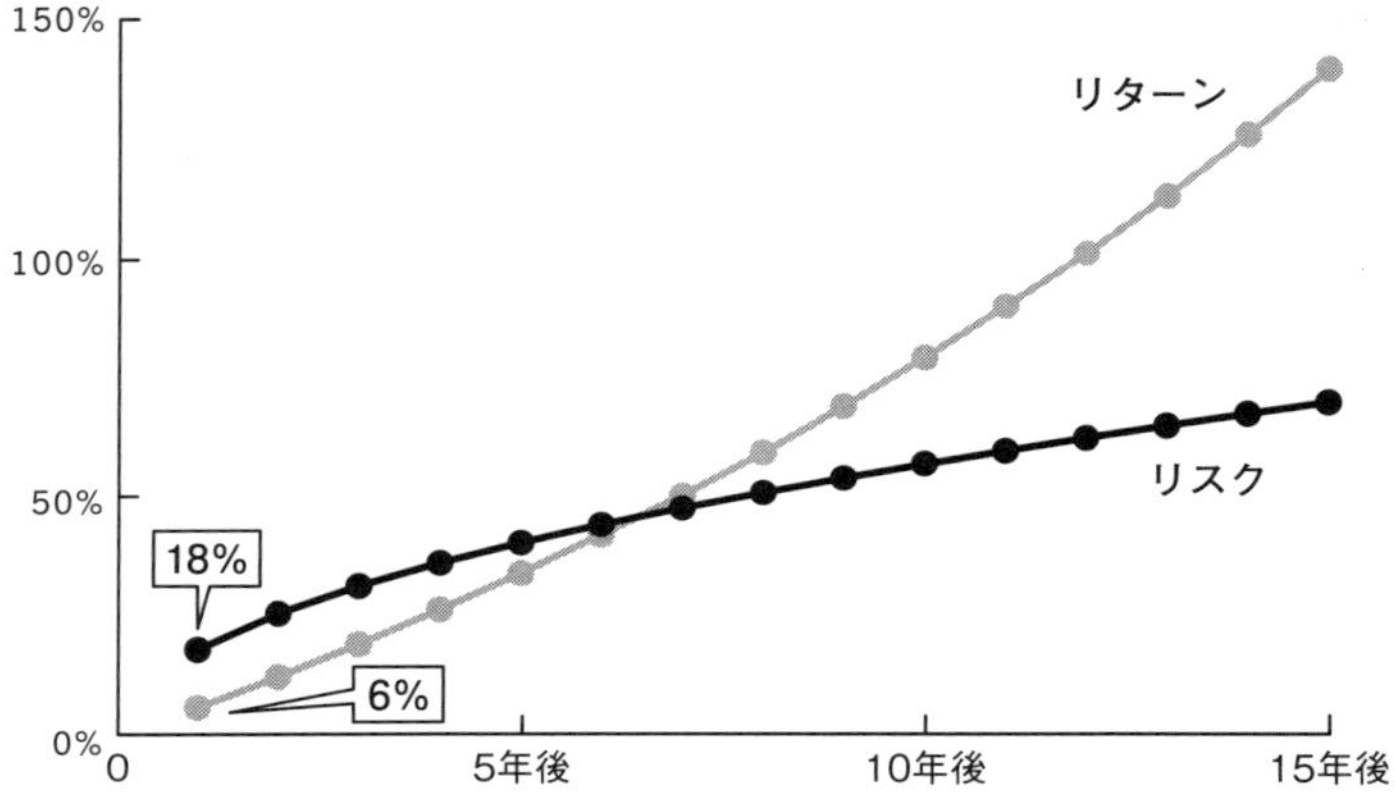

（注）リターン年率6%、リスク年率18%の場合

投資スタート後の数年間は、いつ元本割れしてもおかしくない

改めて図1－2をご覧ください。このケース（リターン年率6％、リスク年率18％の場合）だと、投資開始から5～6年後まではリターンよりもリスクのほうが大きいので、「いつ元本割れしてもおかしくない」わけです。もっとハッキリ「普通に元本割れする」といってもよいでしょう。

大事なことは、**投資期間が長くなるほどリターンはどんどん自分の味方になってくれる**のに対して、**リスクは少しずつ消耗していく**（平均リターンから離れていく）点です。**長期投資ほど「分がよくなる」**ということです。だから私は最低10年、理想は20年以上の長期投資をおすすめしています。

投資を始めると株価下落や円高が気になって仕方ない人もいると思います。２０２４年８月５日のように１日で日経平均が４４００円以上も下落し、メディア等で「史上最大の下落幅」と報じられると、怖くなって「今のうちに売ろうか」などと考えたくなるかもしれません。

そんなとき、ここで説明した「リスクとリターンの時間変化」「長期投資ほど有利になる」を思い出してください。もちろん10年後や20年後でも元本割れする可能性はゼロではありませんが、そこで売ったら「損失確定」です。

私は株価が大きく下がったときこそ「投資家としての〝胆力〟が試される」と自分に言い聞かせるようにしています。

Q-4

「長期投資」と「短期投資」。違いは期間だけ？

Ans.

本来、「投資」とは長期投資のこと。手っ取り早く儲けを狙う短期投資は「投機」。違いは期間だけではない。投機はゼロサム・ゲームだが、投資はプラスサム・ゲーム。

短期投資（投機）はゼロサム・ゲーム

「投資なんてギャンブルだよ！」。皆さんも聞いたことがあるフレーズだと思います。投資とギャンブルは似たようなものでしょうか。実は、まったく別物です。

最大の違いは両者の「平均的な収益」にあります。

投資もギャンブルも「絶対に儲かる」とか「絶対に損する」といったことはありませんが、投資なりギャンブルなりに参加した人の収益の平均値（期待値といいます）が違うのです。

まず、投資は**「短期投資」**と**「長期投資」**の２つに大きく区別できます。図１‐３の太い矢印のように、**投資対象となる企業や世界経済の本源的な価値は、時間をかけて少しずつ成長する**ものです。製薬会社が超大型の新薬を開発でもしない限り、一夜にして企業価値が数倍になったり、世界経済がいきなり何倍にも拡大したりすることは通常ありません。

一方、**株価は投資家心理や需給の偏りによって本源的価値の周辺を乱高下**します。この短期間の価格変化を取引するのが短期投資で、「投機」ともいわれます。

短期投資（投機）で儲かる人がいれば、反対側には損する人がいるはずです。買う人と

図 1-3　**短期投資と長期投資は別物**

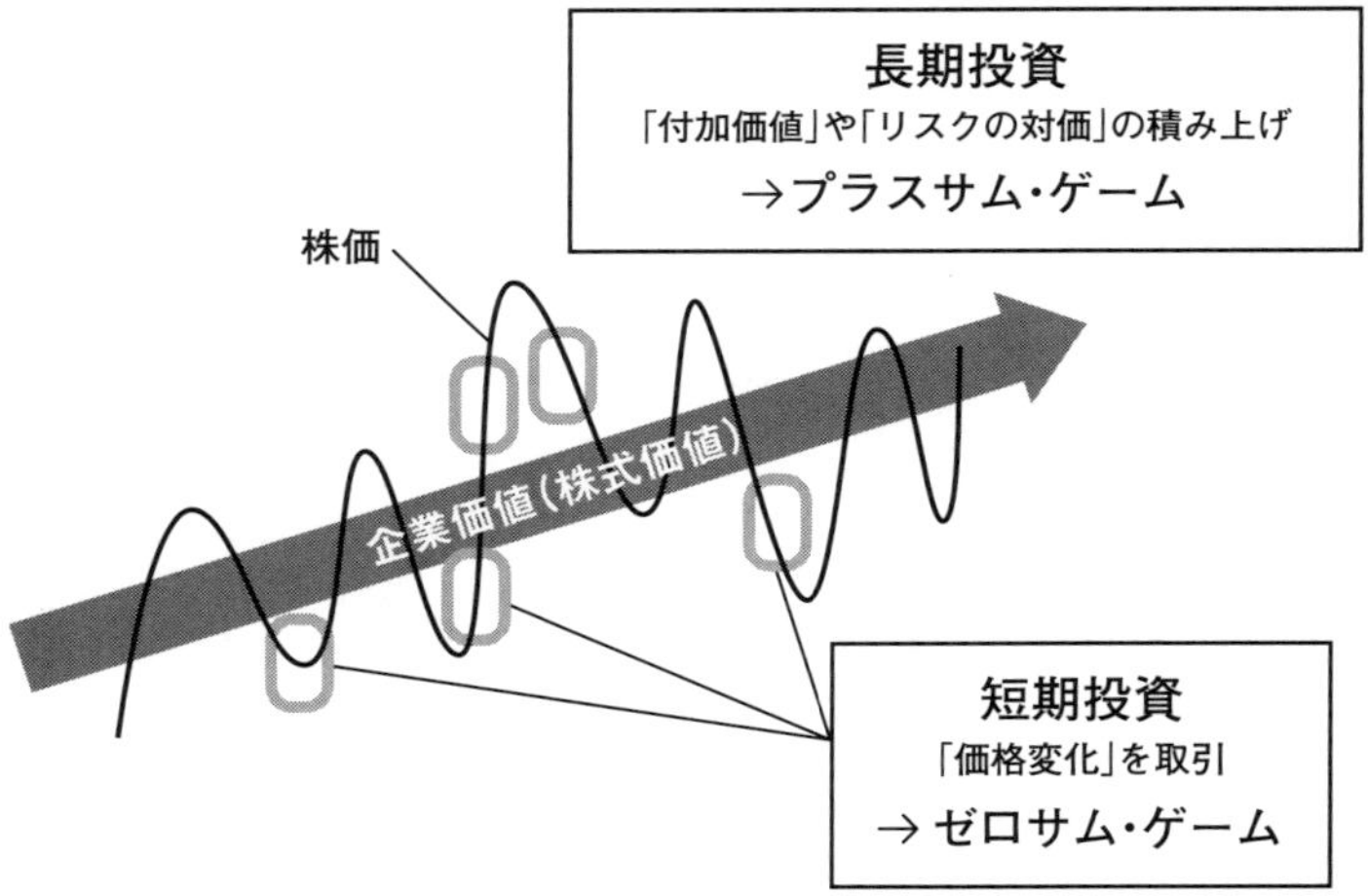

売る人の両方が存在しなければ取引が成立しないからです。短期投資の場合、儲かった人と損した人の損益を合計するとゼロになるので、**「ゼロサム・ゲーム」**と呼ばれます（実際は手数料の分だけマイナス）。

「投資」とは本来、退屈でつまらないもの

日本では一攫千金を狙う短期投資（投機）こそが投資だと勘違いしている人も少なくないようですが、本来、投資とは「企業などに資金を投じ、その企業が生み出す利益や成長の恩恵を受けること」です。つまり、**企業や世界経済が時間を**

かけて少しずつ成長するのに乗っかる行為こそが「投資」なのです。

図1-3では便宜上、太い矢印を直線状の右肩上がりに描きましたが、実際は短期的・中期的な上下の変動を繰り返しつつ、長期的には右肩上がりに推移するものです。この流れに乗っかって長期投資した人の損益の合計はプラスになると考えられます。なので、長期投資は**「プラスサム・ゲーム」**と呼ばれます。もちろん全員が必ずプラスになるとは限りませんが、全体の合計はプラスになるという意味です。

そのため、投資（長期投資）で一攫千金を狙うことはできませんし、手っ取り早く儲けることもできません。

投資（長期投資）とはむしろ、**しっかり儲かるまで時間がかかる**し、その途中で元本割れすることもあるし、退屈でつまらないものなのです。その代わり、**時間をかければより確実に儲かりやすくなる**ということです。

Q-5

投資はギャンブルみたいなもの？

Ans.

投資とギャンブルは本質的に別物。
投資（長期投資）はお金を増やすためにやるもの。
ギャンブルは「消費」である。

ギャンブルは「お金を減らすために」やること

投資（長期投資）はプラスサム・ゲーム、投機（短期投資）はゼロサム・ゲームなのに対して、宝くじ、競馬などの公営ギャンブルは**「マイナスサム・ゲーム」**です。

ギャンブルは掛け金（参加者の購入額）の一定割合を主催者などが受け取り、残りを当選者に分配する仕組みです。

たとえば宝くじの場合、２０２３年の売上８０８８億円のうち46・7％が当選金として分配されました。つまり、**宝くじを１枚３００円で買うと、平均的には１４０円しか戻ってこなかった**わけです（戻り率46・7％）。

残りの53・3％はどこにいったのでしょうか。宝くじ公式サイトによると、発売元である自治体の収益金36・7％、印刷経費・販売手数料など15・3％、社会貢献広報費１・３％とされています。つまり、宝くじを買うという行為は、購入額の約15％の手数料を払って、約36％を自治体に納める（納税と同等の）行為なのです。

私はギャンブルを「消費」と位置づけています。遊園地やテーマパーク、推しのライブに行くのと似ていて、ワクワク・ドキドキを買うもの。ですから、お金を増やそうと思ってギャンブルをやるのは理屈に合わないのです。

投機やギャンブルをやってもいい

これでも「投資とギャンブルは同じようなもの」でしょうか。投機（短期投資）とギャンブルは近いと感じるかもしれませんが、「お金を増やすため」なら投機のほうが理にかなっています。

誤解しないでいただきたいのですが、私は**投機やギャンブルを否定するつもりはまったくありません。**手っ取り早く儲かるかもしれない投機はやりがいがありますし、ギャンブルに楽しさを感じる人もいるでしょう。

ただ、投機を専業としない人が投機で儲けるのは非常に難しいですし、ギャンブルで儲けるのはもっと難しいので、私はおすすめしないだけです。

そして、投資、投機、ギャンブルの違いがわかれば、これまで述べてきたように「長期投資なら、投資を専業としない人でも儲かりやすい」「長期投資において株価や為替の短期的な変動を気にする必要はない」ということも、より深く理解していただけると思います。

Q-6

株価は今後も上昇する？

Ans.

世界経済はアップダウンを繰り返しながら、長期的な拡大が見込まれる。株価も長期的には上昇が期待されるので、世界経済の一時的な縮小は問題ない。過去にも経済の縮小は何度もあったが再び拡大した。今後も同様だろう。

世界経済は長期的に成長が見込まれている

株価は「経済を映す鏡」といわれます。実際、図1－4のように、**全世界の名目GDPと世界株価は概ね連動して推移**してきました。

今後については、大手コンサルティング会社のPwCが「2042年までに世界経済の規模は倍増」という予測を2017年に出しています。25年間で倍増するのであれば、平均成長率は年率3％程度となります。

一方、米ゴールドマン・サックスは2022年のレポートで「今後10年間の世界経済の成長率は年平均3％弱」「その後、労働力の伸びの鈍化を主因に、緩やかに低下するとみられる」としたうえで、2030年代は2.5％成長、2050年代は2.0％成長、2070年代は1.7％成長と予測しています。

もう少し短期の予測では、IMF（国際通貨基金）は2029年まで5年間の成長率見通しを年率3.1～3.7％程度と予想しています。

これらの予測を総合すると、**向こう10年程度は年率3％程度で成長**し、その後の成長率は少しずつ下がるかもしれないが、**長期的にプラス成長が続く**ということでしょう。

図 1-4　株価も世界経済も、度重なる危機を乗り越えてきた現実

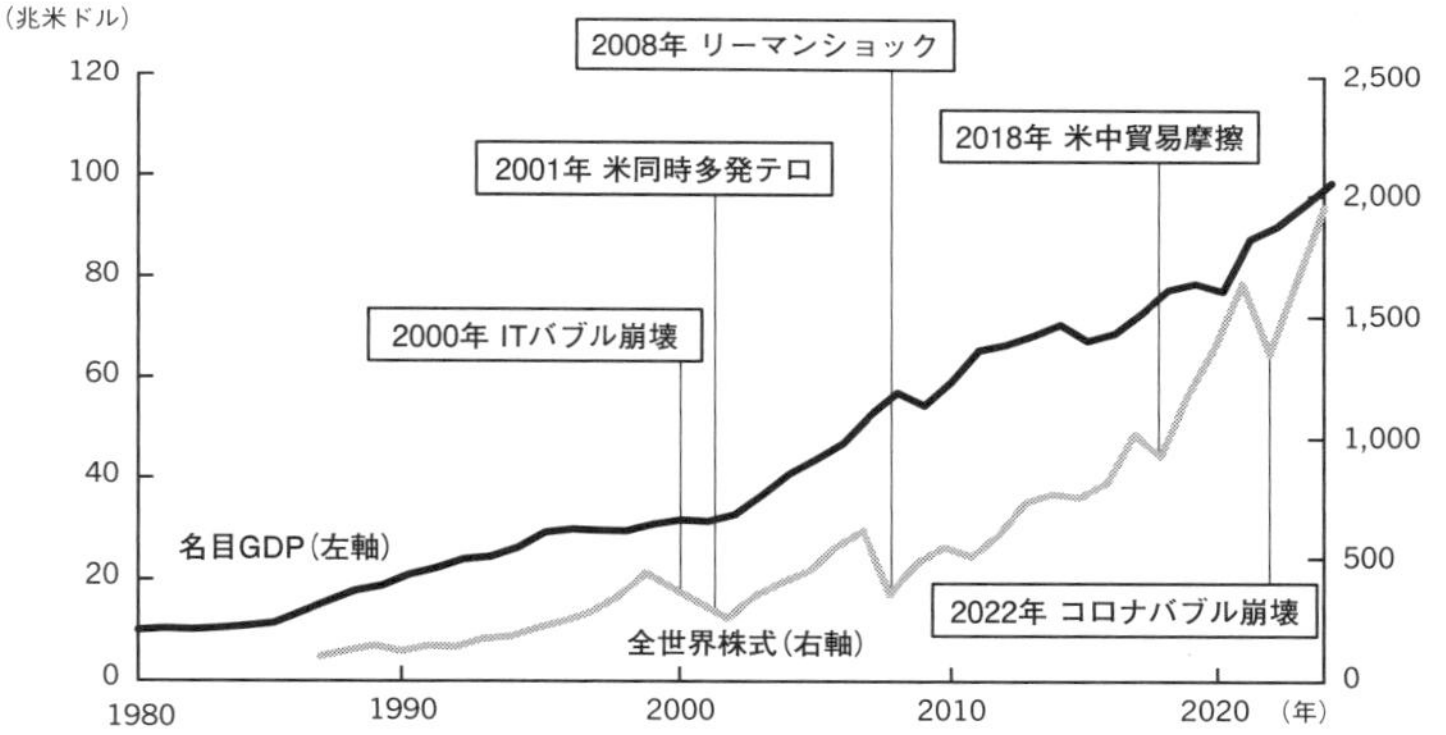

（注）名目GDPはMSCIオール・カントリー・ワールド・インデックス採用47カ国の合計、全世界株式はMSCIオール・カントリー・ワールド・インデックス（配当込み指数、各年末、米ドルベース、1987年末を100として指数化）
（資料）IMF、Morningstar Directのデータより作成

もちろん、長い間には世界経済がマイナス成長に陥る時期もあるかもしれません。いや、リーマンショック級までいかなくても、通常の景気後退期は間違いなくあると思います。

経済成長率よりも投資リターンのほうが高いという事実

長期的にプラス成長が続くとしても、ゴールドマン・サックスの予測の通り成長率が徐々に低下するなら、株式などへの投資を控えるべきでしょうか。

答えは「NO」です。

フランスの経済学者トマ・ピケティの著書『21世紀の資本』（みすず書房、

2014年）は、世界全体での販売部数が300万部を超えたとされる大ベストセラー書です。

ピケティはこの本の中で18世紀以降の膨大なデータを分析したうえで、「r＞g」という有名な不等式を提示しています。

簡単にいうとrは資本成長率のことで「株主や地主が投資で得る富」、gは経済成長率のことで「労働により得る富」です。要は**「資産運用による富は、働いて得る富よりも成長が大きい」**という意味です。

皆さんもなんとなく感じているのではないでしょうか。昔から**「裕福な人（資産家）はさらに裕福になり、そうでない人はなかなか裕福になれない」**と……。アメリカが典型的だと思いますが、こうして**経済格差は次第に大きくなった（なる）**のです。

ピケティの分析結果と理論を信じるか信じないか、最終判断は皆さんに委ねますが、信じるのであれば経済成長率が低下するからといって株式などへの投資を控える必要はないですし、むしろ投資をしないと自身の資産を成長させるのは難しくなるのかもしれません。

Q-7

いつ投資を始めるのがベスト?

Ans.

長期つみたて投資は「株価が安いタイミングで始めよう」などと考える必要はない。大事なのは、目先の株価水準よりも投資期間。

投資を始めたいと思いつつ、一歩目を踏み出せない

長引くインフレ、新NISA制度スタートなどで「自分もそろそろ投資を始めてみようかな」と思いつつ、なかなか一歩目を踏み出せない人も多いと思います。

あれこれ迷っているうちに「日経平均株価が史上最高値を更新」などのニュースを目にして、**「またバブルかもしれないから、投資を始めるのはもう少し後にしよう」**と考えた人もいるでしょう。

その後、2024年8月には「日経平均が史上最大の下落幅」を記録しました。「やっぱり投資を始めなくて正解だった！」と思ったかもしれません。

いつ投資を始めるか、ベストなタイミングはいつか、永遠の難問のように思われるかもしれません。これは「株価が安いところで始めるのがベスト」という考え方が根底にあるからだと思います。

ところが、長期つみたて投資の場合**「今の株価水準」よりも「投資期間」のほうが結果に大きく影響**することもあります。長期的に株価は上昇すると考えることができるなら、**いつ長期つみたて投資を始めても問題ない**のです。

図 1-5　つみたて投資を始めるならいつ?

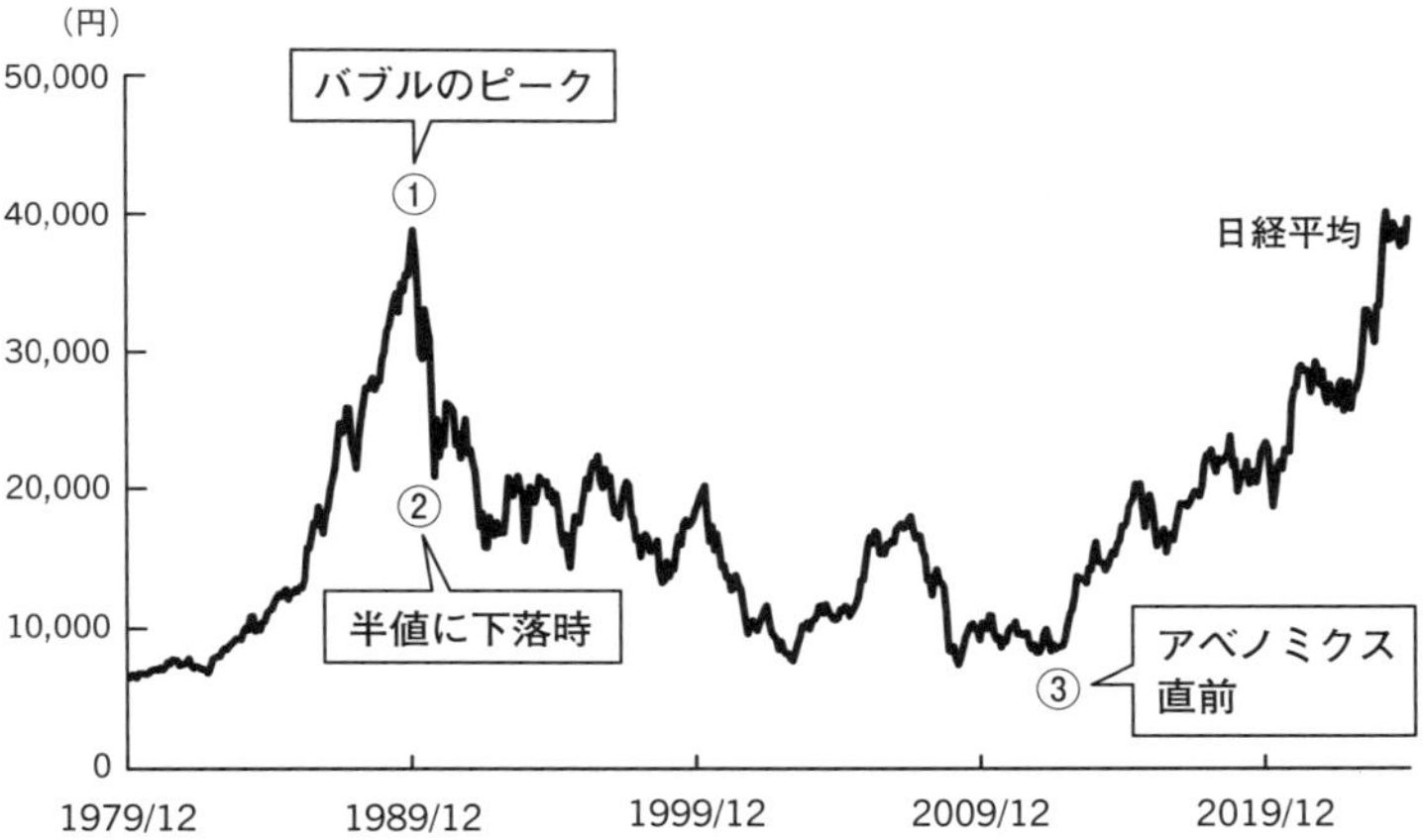

どのタイミングを選ぶか

「いつ長期つみたて投資を始めても問題ない」といわれても信じられないと思うので、ここでクイズを出しましょう。図1－5は日経平均株価の推移を示しています。

つみたて投資を始めるなら図中①～③のどこでスタートしたいですか?

前提条件は、日経平均連動型インデックスファンド（投資信託）を毎月末に1万円購入する「つみたて投資」をすることです（税金や手数料は考慮しません）。

①株価がバブル期のピークだった1989年末
②89年末のピークから半値ほどに下落した1990年9月末
③アベノミクス直前の2012年7月末

セミナー等でこのクイズを出すと、会場や参加者層で多少の違いはありますが、圧倒的に「③アベノミクス直前」を選ぶ人が多く、全体の7割ほどです。

次いで「②ピーク時の半値ほどに下落したとき」が約2～3割、「①バブルのピーク時」を選ぶ人は1割いるかいないか、といった具合です。

株価が下落する局面で投資を始めたいと考える人はきわめて稀で、**株価が低いとき、今後上昇しそうなときに投資をスタートしたいと考える人が圧倒的に多い**わけです。気持ちはとてもよくわかります。

バブルのピークで始めたほうが結果がよかったという事実

では、答え合わせをしましょう。図1-6の下表の「倍率」にご注目ください。

図 1-6 つみたて投資は投資期間が長いほど有利

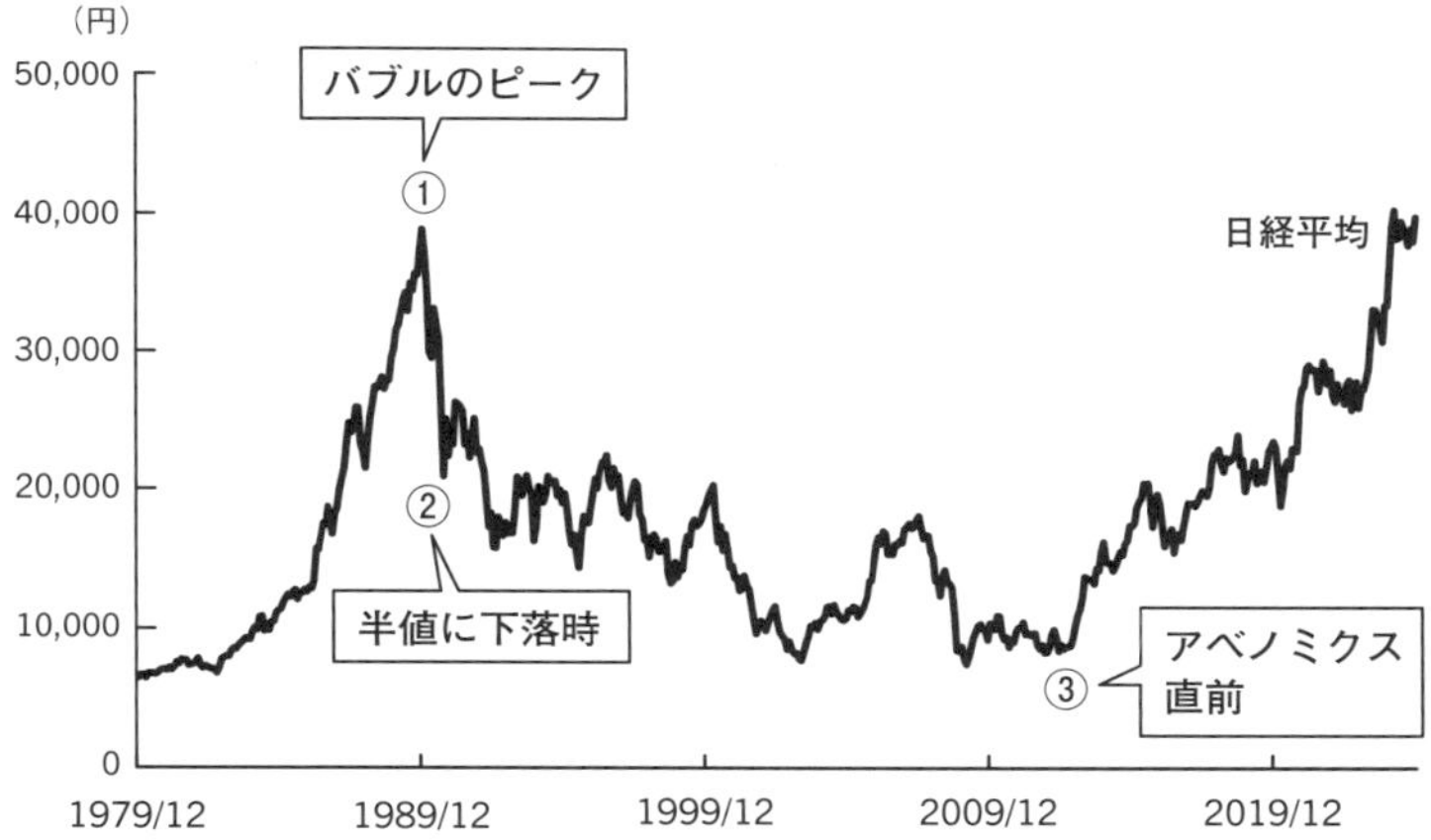

	① 1989/12スタート	② 1990/9スタート	③ 2012/7スタート
資産額 （万円）	1,462	1,444	341
元本 （万円）	420	411	149
倍率	**3.5**	**3.5**	**2.3**
平均単価 （円）	18,124	17,810	22,606

ここに注目！

この数字は**「投資元本の何倍に増えたか」**を表しています。結果は一目瞭然、①と②が約3・5倍で高く、③は2・3倍にとどまりました。

③よりも株価水準が高い①や②でつみたて投資を始めたほうが、より大きく増えたのです。意外だったでしょうか。理由は次項で解説します。

Q-8

株価下落！　そんなときどうする？

Ans.

株価が下落すると不安になるのは誰でも同じ。

つみたて投資を続けることが成功のカギ。長期つみたて投資の場合は購入単価が下がるので、つみたて期間中の株価下落は、むしろラッキーである。

株価下落局面に投資を続けて平均購入単価が安く済んだ

なぜ前項のような結果になったのか理解するため、**「平均購入単価」**で考えてみましょう。

①と②はつみたて投資をスタートした後、2009年頃まで株価の下落局面が続いたので、毎月購入するたびに平均購入単価が下がりました。ただし、購入した投信の含み損は拡大し続け、精神的には苦しかったかもしれません。

一方、③でスタートした場合は含み益の状態を維持できて気分的には安心だったかもしれませんが、購入するたびに平均購入単価が上昇し続けました。

こうした理由から、図1-6の通り①と②は平均購入単価が1万8000円前後で済んだのに対し、③は2万2000円台と大きく違う結果になったのです。

自分の目標時点（20年後など）の株価が今より高いと考えるなら、**つみたて投資開始後の株価下落は、むしろ安く購入できるラッキーな局面**なのです。

分配金の累計額も投資成果の差に影響

投信を保有していると分配金（個別株なら配当金）を得ることができます。分配金の額は保有する投信や時期によって異なりますが、日経平均など日本株のインデックスファンドの場合、概ね年率2％程度が目安です。

①や②でつみたて投資をスタートした場合、最初の頃に購入した投信からは三十数年分の分配金を、2000年頃に買った投信からも二十数年分の分配金を得られます。

年率2％は決して多くないですが、**30年間の累計だと60％に相当**します。①のスタート時に購入した投信はほとんど値上がりしませんでしたが、単純計算では**分配金だけで元本の約1.6倍程度に増えた**計算です。

ところが③でつみたて投資をスタートした場合、最初に買った投信ですら十数年分の分配金しか得られません。

このように投資期間が長くなるほど分配金が積み上がっていくことも、長期投資が有利になる大きな要因といえます。

株価下落時も投資し続けることが重要

この試算は長期つみたて投資を実践するうえで、とても大事なことを教えてくれています。株価が下落すると保有している投信が含み損になり、怖くなってつみたて投資を停止

図 1-7　**分配金の威力**

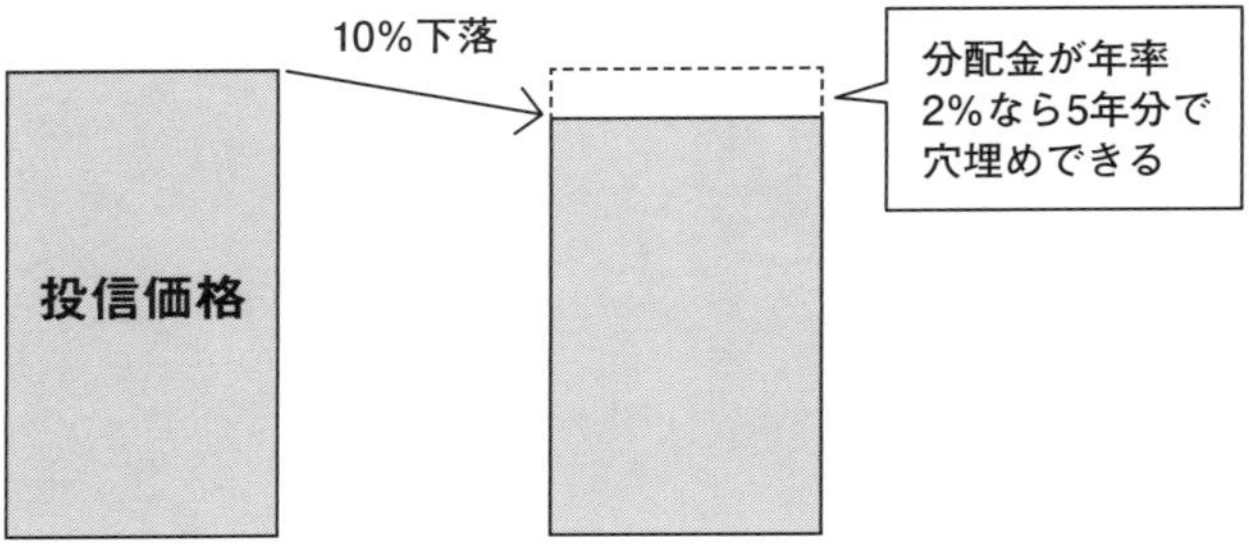

したり、損失覚悟で売却したりしたくなるかもしれません。

しかし「いずれ株価は回復する」「自分の目標時点（20年後など）の株価は今と同じくらいか、もっと高い水準だろう」と考えるなら、**感情や目先の株価動向に振り回されることなく、淡々とつみたて投資を続けたほうがよい結果を得られる**可能性が高いということです。

そして、分配金の威力も再確認しましょう。日本株インデックスファンドの分配金はおよそ年率2％ですから、仮に株価が10％下落しても5年分の分配金で穴埋めできる計算です。その後も株価がまったく上昇しなくても、6年後以降は分配金の分だけプラスが積み上がります。結果、預貯金よりも高い利回りを得られる可能性が高いと思います。

株価が20％下落しても10年分の分配金で穴埋めできると考えれば、多少の株価下落に右往左往する必要はまったくないのです。

Q-9

投資資金はどうつくる？

Ans.

「毎月の生活に余裕ができたら」なんていって
いると、いつまでも投資を始められない。
「投資資産は毎月の必要経費」と位置づけ、
「自前の給与天引きシステム」を構築する。
急な出費への最低限の備えができたら、「投資
で貯蓄」を意識的に。

毎月の生活費に「余裕」なんてできない

「毎月の生活費に余裕ができたら投資を始めたい」という話を聞くと、私が思うのは「余裕なんてできないですよ」です。私自身がそうでした。ここ数年の日本はインフレですから、年収が一気に2倍や3倍にでも増えない限り、多くの人が似たような感じではないでしょうか。

倹約タイプの人は別として、**お金って本当に不思議なもので、手元にあると使ってしまいがち**ですよね。冠婚葬祭、急な怪我や病気に備える一定程度の預貯金ができたら、毎月の生活費に余裕があろうがなかろうが、資産運用を始めることをおすすめします。具体的なコツは2つ。すでに投資をしている方にもよいヒントになるものです。

【コツ1】投資資金を毎月の「必要経費」と位置づける

まずは毎月5000円など少額から始めてもいいので、投資資金を毎月の「必要経費」と位置づけることです。食費、電気・ガス・水道料金などと同じく「毎月必ず必要なお金」と位置づけるのです。

こうすることで**投資資金の優先順位が高くなります。**お金は不思議なものですが、人間も不思議なことに、自由になるお金がなければないなりの生活をするものです。日本人は借金を好みませんし、真面目な人が多いですから難しくないでしょう。

ただ、気をつけていただきたいのは、「どうせなら」と多額の投資資金を確保するために食生活を貧相にしすぎたり、友人とのつき合いをなくしたりするような極端なことはしないでください。投資には取り組んでいただきたいですが、心と身体の健康維持に勝るものはありません。

[コツ2] 最強のツール「自前の給与天引きシステム」をつくろう

もう1つのコツは、投資のために自前の「給与天引きシステム」をつくることです。システムづくりといってもそれほど難しいことではなくて、

①給料日のすぐ後に給与口座から投資用口座に自動的に資金を移すよう登録する
②資金移動後の数日以内に投信などを自動的に買い付けるよう登録する

の2つだけです。

私は給与天引きは貯蓄するための最強のツールだと考えています。先ほども述べたよう

図 1-8 **自前の給与天引きシステム（イメージ）**

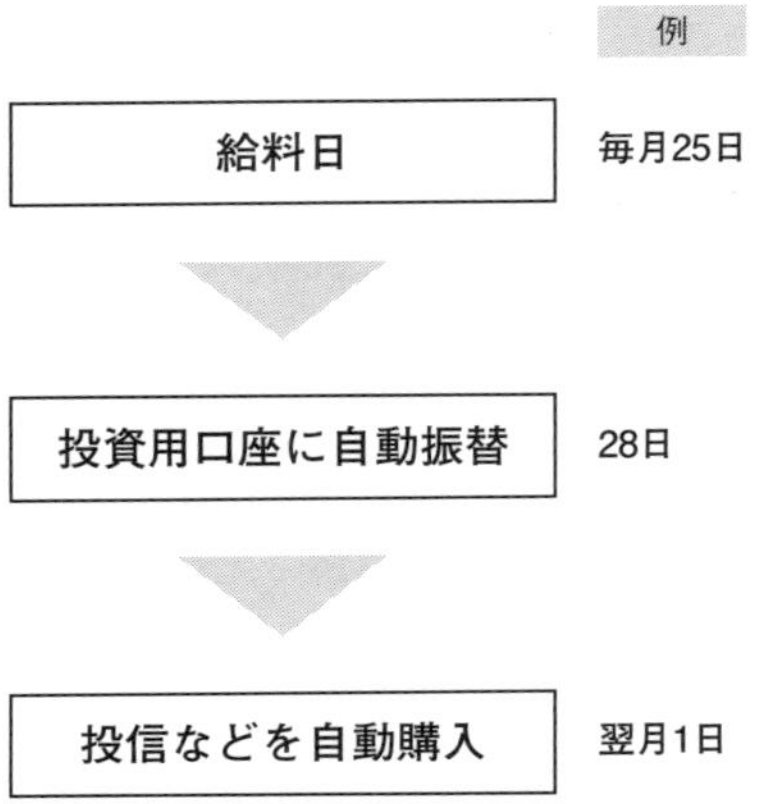

に、手元にお金があるといつの間にか使ってしまいますが（で、後悔することも……）、給与天引きすれば「最初から手元にない」ので、減ることもありません。

「毎月の生活費が余ったら投資」＝「給料日の直前に投資」ということですが、発想を180度転換して**「給料が入ったらまず投資」「それ以外のお金で生活費をやりくりする」**ということです。

毎月の給料だけでなく、**ボーナス時に追加で天引き**するように登録しておくとよいでしょう。

Q-10

投資っていつまでするもの？シニアになったら投資も引退？

Ans.

無理に投資を続ける必要はないが、シニアもできるだけ投資を。ただし、自身で判断するのが不安になったら、潔く身を引きましょう。

生涯投資のススメ。

あくまで各人の考え方による

「もうすぐ80歳になるんだけど、そろそろ投資はやめたほうがいいかな？」「何歳まで投資を続けていい？」。たまに聞かれます。

投資は各人の自由です。年齢・性別・職業・国籍など個人の属性は一切関係ありません。**重要なのは正しい知識と冷静な判断力**です（もちろん投資するための資金は必要ですが）。仮にご家族に猛反対された場合に、それを押し切ってまで投資するかどうかは各家庭の状況によりますが、私は「生涯投資」を推奨していますし、**私自身も寿命を迎えるまで投資を続ける**つもりです。

シニアだからといって投資をやめる必要はない

シニアの方が現役時代から積み上げてきた投資資産をすべて現金化するとどうなるでしょう。その現金をすぐに使い切るわけではなく、預貯金として置いておきながら、少しずつ取り崩すのが普通だと思います。**預貯金は名目上の元本が減らなくても、インフレに負ければ実質的には目減り**します（税引き後の預貯金の金利がインフレ率より高ければ目減りしませんが)。

もちろん、実質的な目減りを覚悟のうえで、「株価や為替の影響で大きく元本割れするリスクを背負うよりも、インフレに負け続けるほうがマシ」という考え方もあります。

ただ、私は**「シニアだから」というだけの理由で投資を完全にやめる必要はない**と考えています。自分が生きているうちに使う予定のお金は株式などのリスクにさらさず、低リスク〜中リスク程度の手堅い運用をするのが向いていますが、使うかどうかわからない(使わずに済みそうな)お金は、リスクを取って株式などで長期的に有利な運用を続けるのがいいと考えています。

ただし、**ご自身で冷静に判断するのが難しくなってきたと感じたときは、思い切って投資から手を引く**ことも大事でしょう。投資詐欺に騙されたり、悪意ある人物に搾取《さくしゅ》されたりすることほど残念なことはありませんから。

Q-11

資産は「使い切る」のが賢い？

Ans.

ヨーロッパ貴族に学ぶ「自分のお金」から「家系のお金」「自分が生きた証としてのお金」への発想転換。

ついに20兆円を超えた日本の相続財産

日本では「自分が生きているうちにお金を使い切りたい」と考える人が多いようです。

経済財政白書（内閣府）によると、高齢者の遺産に関する考え方でもっとも多かったのは「使い切りたい」という回答で、全体の34％を占めました。

せっかく自分で築いた財産ですから、自分で楽しく有意義に使いたいと考えるのは当然でしょう。日本は相続税が高いことも影響していると思います。

しかし、自分が何歳まで生きるかなんて誰にもわかりませんし、貯蓄を取り崩すことに抵抗感もあるのでしょうか、**日本人は「死亡時の財産額が諸外国と比べてもっとも多い」**という調査結果もあります。

２０２２年の日本の相続財産は21・8兆円余りで、２０１３年の12・5兆円からほぼ倍増しました（国税庁調べ、相続税額が発生したケースのみ）。

内訳は多い順に現金・預貯金等7・6兆円（34・9％）、土地7・0兆円（32・3％）、有価証券3・5兆円（16・3％）で、これらだけで8割以上を占めています。しかも、これは相続税が発生したケースのみですから、実際の相続財産はもっと多いことになります。

現金・預貯金がもっとも多いのは、現金を好む日本人の性格だけでなく、高齢者にはキャッシュレス決済が十分に浸透していないこと、さらにデフレ時代が長く続いた影響もあったのでしょう。

いずれにしても**「使い切る」ことなく後世に多額の現金・預貯金や有価証券を残した**わけで、御本人は無念な部分もあったかもしれませんが、私はここに**長期投資の真髄**のようなものが隠されているように思います。

ヨーロッパ貴族の考え方を参考にしよう

実はこれ、**ヨーロッパ貴族**の考え方なのです。彼らは「自分のお金」というよりも**「家のお金」「ファミリーの財産」**という意識が強く、祖父母や親から受け継いだ財産を自分の代でも着実に増やし、それを後世に残すことを何代にもわたって繰り返しているのです。

そのため株価や為替、地価の短期的な変動など気にせず（まったく気にしないわけでもないと思いますが）、**超長期の観点で資産運用**をしているのです。

たとえば、タイミング悪く自分の代でリーマンショック級の経済危機が起きても、「すぐには回復しないかもしれないが、子や孫の代にはショック前よりも資産価格が高くなっているだろう」と考え、**慌てて売ったりしない**そうです。

「使い切りたい」という気持ちもわからなくはないですが、私は**「財産」というかたちで「自分が生きた証を残す」考え方**はカッコイイと思っています。お金や財産に関する自分の考え方、信念を次の世代に伝えることもできます。

子や孫がいない場合でも、自分が応援したい団体や個人、お世話になった自治体などへの寄付というかたちで「自分が生きた証」を残すことができれば、それは素晴らしいことだと思います。

Q-12

子や孫の将来を見据えた究極の投資とは？

Ans.

シニア・ミドルだからこそできる有益な投資がある。
子や孫の名義でつみたて投資をすれば、将来、老後資金に困らずに済むはず！

子や孫の名義で投資を！

先に「自分が使わずに済みそうなお金は、リスクを取って株式などで長期的に有利な運用を」と申し上げました。シニアの方の場合、ご自身の口座でなくても、子や孫名義の口座で投資する方法もあります。

私に孫ができたら実践しようと考えている方法を紹介します。概要は図1－9です。まず、孫の名義で金融機関に口座をつくります。親権者の承諾があれば未成年でも口座開設できる金融機関があります。未成年者はNISA口座をつくれないので、課税口座です。口座が開設されたら、**孫の口座に毎月1万円ずつ私が振り込み、孫の名義でつみたて投資**をします。投資対象は新NISAで一般的な米S&P500連動型や全世界株式連動型のインデックスファンド（投資信託）です。リターンは年率6％を想定しています（実際はもう少し高いかも?）。

これを**孫が18歳になるまで続けます**（それまで私が生きていなくても妻は健在でしょうから笑）。18年後の投資元本は216万円（12万円×18年間）、年率6％なら資産額は約383万円になります。**18年間の値上がり益は約167万円**です。

図 1-9　孫の将来を見据えた投資術

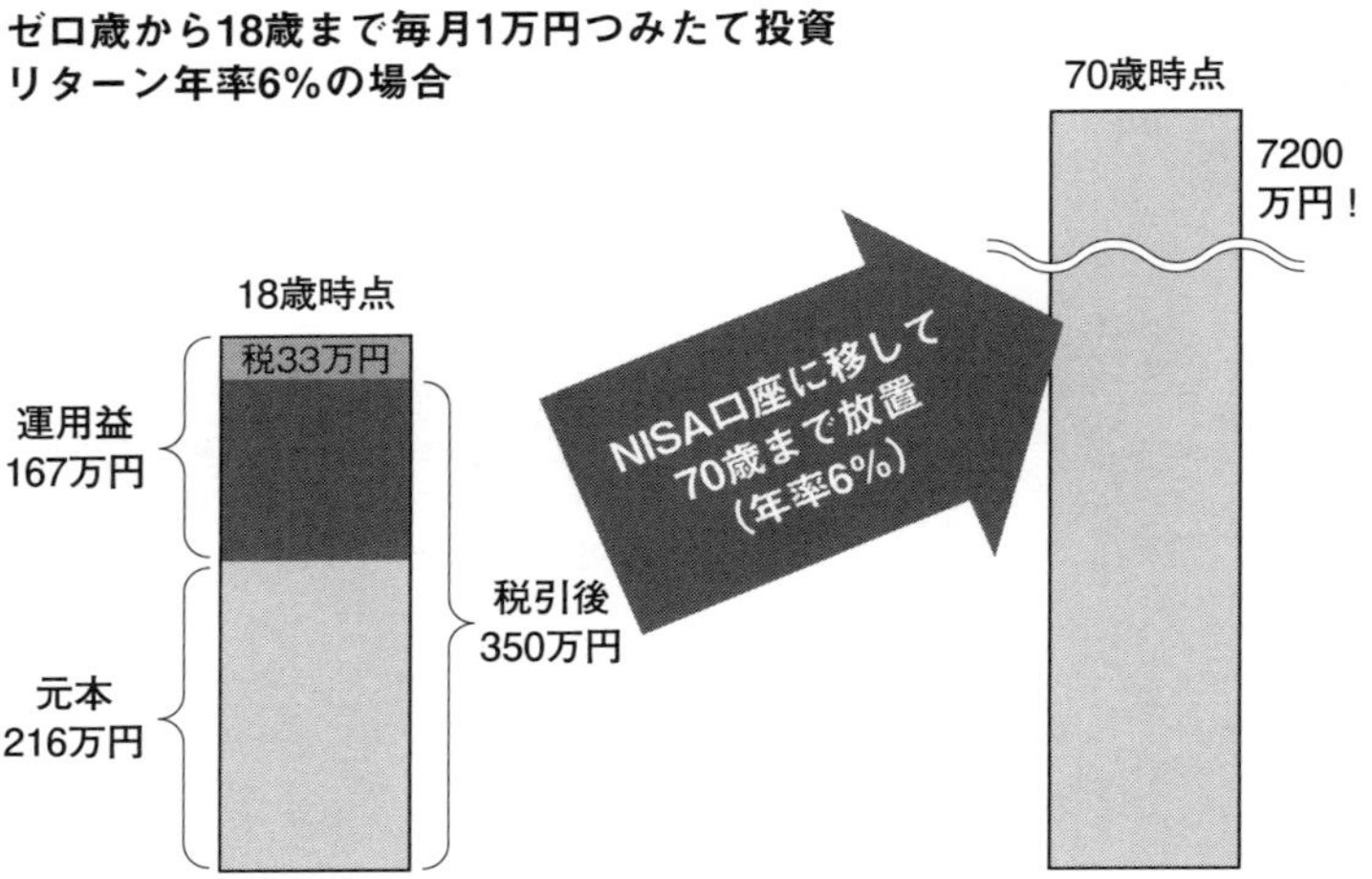

孫が18歳になったら翌年1月から新NISA口座を利用できるので、ここですべて売却します。このとき値上がり益（約167万円）に20％の税金が課されるとすると税金は約33万円、**税引き後の資産額は約350万円**です。

孫が70歳のとき7200万円に!?

孫が自分の新NISA口座に350万円を移したら、再び投資信託を購入します。年間購入限度額360万円に収まるので、成長投資枠は240万円一括購入も可能ですし、毎月30万円ずつ何回かに分けて購入してもよいでしょう。

私は一括投資派ですが、最終的には孫が決めればよいことです。なにせ自分のお金ですから。ハードルは少し高くても、18歳までにその程度の金融リテラシーは身につけてほしいという願いも込めています。

350万円で何を買うかですが、18年間買ってきたのと同じ投資信託を買うか別の商品にするかは、そのときの世界情勢や金融商品の状況しだいです。これも孫が判断すればいいことです。ただ、もし私が生きていて、なおかつ冷静な判断ができる状態であればアドバイスくらいはするかもしれません。

さて、新NISA口座で購入した350万円分の投資信託が年率6%で値上がりすると、孫が70歳の時点で資産額は約7200万円になる計算です。そのときの物価しだいではありますが、おそらく老後資金に困ることもないでしょう。

誤解を招かぬよう念のため説明しておきますが、孫が新NISA口座にその後1円も追加投資をしなくても、350万円が年率6%で増えると52年後には約7200万円になる、という意味です。

つまり、**私が孫名義の口座に振り込んだ計216万円の元本が7200万円になる**わけです。しかも途中33万円の税金を納めています。

年間12万円なら通常は贈与税の対象外ですが、もし税務署に「当初から216万円を贈与する計画だった」と判断された場合は贈与税の対象になる可能性があります。心配な方は税務署にご相談ください。

もちろん毎月の投資額を多くしてもよいですが、年間110万円を超えると贈与税がかかります。

この試算が意味するのは、70年間という超長期投資の重要さ、威力といってもいいかもしれません。もちろん、孫が自分のお金で追加投資すれば、老後の資産はさらに多くなるでしょう。

なぜ私がこんなことを企んでいるかというと、孫が老後資金の不安を抱えずに生活できれば、仕事やプライベートがより充実した人生を歩んでくれるだろうということと、これは半分冗談ですが、孫が私のお墓参りに来てくれるはず！　という下心もあります（笑）。

第2章

データで読み解く安心運用～基本編

この章では投資・資産形成について主に入門的な解説をしていきます。

これから投資を始める方はもちろんですが、すでに始めている方も「振り返り」や「チェック」のためにご一読ください。

もしＮＧ行動を取っていることがわかった場合、過去に戻ってやり直すことはできなくても、今後の長い投資人生で具体的にどうすればよいか参考にしていただけるはずです。

Q-13

金融機関とのおつき合い。一番大事なことは？

Ans.

まずは金融機関選びから。最初に口座開設した金融機関と「生涯つき合う」のが基本。

金融機関は「生涯のパートナー」

ＮＩＳＡ（少額投資非課税制度）やｉＤｅＣｏ（イデコ・個人型確定拠出年金）で資産形成を始める場合、最初の関門が「どの金融機関で口座開設するか」です。理由は3つあります。

まず、預貯金金利、住宅ローンの金利や手数料が金融機関によって異なるように、ＮＩＳＡやｉＤｅＣｏの場合も**購入できる金融商品や手数料が金融機関で異なります。**

次に、ＮＩＳＡ口座やｉＤｅＣｏ口座で保有している資産を別の金融機関に移すには、必要書類を準備するなどの手間がかかり容易ではありません。さらに面倒なのが、保有している金融商品をいったん売却し、**新しい金融機関に現金を移動させたうえで金融商品を買い直す必要がある**ことです。手間がかかるうえに費用が発生することもあります。ＮＩＳＡの場合は旧口座で保有し続ける（売却しない）こともできますが、異なる金融機関でＮＩＳＡ口座が複数になると管理が煩雑になるかもしれません。

3つ目に、**資産形成は何十年にわたっての投資**が基本です。口座開設キャンペーンなど**一時的なサービスに目を奪われることなく、**また「他にいい金融機関があったら変更すればいい」と安易に考えず、「生涯つき合うパートナー」として金融機関を選びましょう。

Q-14

金融機関選び。見極めのポイントは？

Ans.

「生涯つき合う」金融機関を選ぶポイントは3つ。品揃え、手数料、ネットか対面か。

金融機関選びは3つのポイントで

ＮＩＳＡ口座を開設する際に金融機関を選ぶ主なポイントは次の３つです。以下で順に説明します。

①購入できる金融商品
②手数料
③窓口で相談できるか

品揃えが多いほうがいいとは限らない

現在、多くの金融機関がＮＩＳＡ口座を取り扱っていますが、購入できる金融商品は金融機関によって異なります。もっとも大きな違いは「個別企業の株式（個別株）を買えるかどうか」で、**個別株を購入したい場合は証券会社にＮＩＳＡ口座を持つ**必要があります。銀行など証券会社以外の金融機関では個別株を購入できないからです。

一方、投資信託（投信）は証券会社以外でも購入できますが、**投資信託の品揃えは金融機**

関で大きく異なります。少ないところは数十種類、多いところは千数百種類という具合です。

金融機関を選ぶ際になんとなく「投信の品揃えが多いほうがよい」と思いがちですが、必ずしも多いほうがよいとも限りません。特に初心者は**選択肢が多すぎると、かえって選ぶのが難しい**こともあるでしょう。

手数料は長期間の累積で判断

より大事なのが手数料が安いことです。NISA制度では口座管理手数料（口座を保有している金融機関に支払う手数料）はどの金融機関も無料ですが、扱っている投信の管理手数料（信託報酬といいます）は異なります。信託報酬とは投信の保有額（時価）に対して「年率○％」というかたちで投資家が負担する手数料です。

NISA（特につみたて投資枠）で購入できる投信は信託報酬が低いものが多いのですが、それでも多少の差はあります。

ここで注意すべきが、**数十年間の長期保有が前提**ということです。たとえば信託報酬が年率0・1％の投信Aと同0・2％の投信Bを比べてみましょう。**年間の手数料率の差はたった0・1％ですが、10年間の累計では1％、20年間なら2％**になります。

図 2-1　手数料も累積すると影響が大きい

		投信A	投信B	差
信託報酬（年率）		0.10%	0.20%	0.10%
平均残高100万円	10年間	1	2	1
	20年間	2	4	2
平均残高1000万円	10年間	10	20	10
	20年間	20	40	20

（万円）

保有期間中の平均残高が100万円の場合、投資家が負担する信託報酬の差額は10年間で1万円、20年間なら2万円です。平均残高が1000万円なら差額は10年間で10万円、20年間だと20万円になります。

この差を「大きい」とみるか「大した差ではない」とみるかは人それぞれですが、**平均残高が大きいほど、そして保有期間が長いほど、影響が大きくなる**点には注意が必要です。

窓口で相談したい人は対面型の金融機関を

窓口で相談できるかどうかも金融機関

で異なります。先ほど「より大事なのが手数料が安いこと」と述べましたが、手数料が安い傾向のネット証券には当然ですが窓口はありません（コールセンターのみ）。

一方、対面証券や銀行の取扱商品はネット証券と比べて手数料が高い傾向がありますが、窓口や個別ブースで資料をみながら説明を受けたり、疑問点を質問したりできます。金融機関としては対面で応対するコストが必要な分、手数料を高く設定する相応の理由があるわけです。

どちらを選ぶかは人それぞれです。書籍やインターネットなどで自分で勉強すれば十分という人は手数料が安いネット証券を選ぶのがいいでしょうし、窓口で相談・質問したいのであれば対面型の金融機関を選ぶことになります。その場合、**ネット証券よりも高い手数料は「勉強料」**と考えれば納得できるのではないでしょうか。

購入したい金融商品から金融機関を選ぶ手もある

先に挙げた3つのポイントから選ぶのとはまったく違って、「購入したい金融商品を扱っている金融機関から選ぶ」という方法もあります。

ある特定の投信（たとえば売れ行きナンバー1の投信）を買いたいのであれば、その投信を扱っている金融機関を調べ（当該投信のサイトに販売会社一覧が掲載されています）、その中から3つのポイントで自分に合った金融機関を選ぶことも考えられます。

ちなみに給与口座がある金融機関や慣れ親しんだ地元の金融機関を選ぶ人も少なくありません。それはそれで本人が納得していれば構いませんが、いずれにしても「生涯のパートナー」という観点は意識してください。

Q-15

口座開設したけれど、そこでストップ。どうすればいい？

Ans.

なぜ一歩目を踏み出せないのか考えてみよう。多くの場合、理由は次の3つ。すべて本書で解決できる！

①何をいくら買えばいいかわからない
②いつ買えばいいかわからない
③何となく怖くて……

4割の人が投資に踏み出せていない

ＮＩＳＡ口座をつくったけれど、実際まだ投資を始められずにいる人は少なくないようです。金融庁によると、２０２３年末時点のＮＩＳＡ口座数（一般ＮＩＳＡとつみたてＮＩＳＡの合計）は約２１２４万口座、廃止済みの口座も含めるとおよそ**42％にあたる約９０７万口座が２０２３年中に金融商品をまったく購入しなかった**そうです。

その後２０２４年１月に新ＮＩＳＡ制度がスタートしました。同年９月末時点のＮＩＳＡ口座数は約２５０８万口座なので、９カ月で約３８３万口座（18・1％）増えたことになります。

新ＮＩＳＡ制度をきっかけに「とりあえず口座を開設」という人は少なくないでしょうから、**現在ではもっと多くの人が〝一歩目〟を踏み出せずにいる**と思われます。

一方、金融庁の調査によると、投資を始めていない理由としては、「近いうちに始める予定」「どの商品を購入するか選んでいるところ」「何を買うか決めたが、いつ買うか考えているところ」「時間がない」などさまざまです。心当たりがある方もいらっしゃるのでは？

具体的な行動につながるヒントを以下で説明しましょう。

Q-16

何を買えばいい？

Ans.

まずは「みんなが買っている投信」から始めてみよう。

多くの人が買っている投信は「口コミ評価」が高いのと同じ意味。運用額が大きく、運用会社の体制も整っていることが多く安心感が高い。

何を買えばいいかわからない

「何を買うか」は多くの人が悩むことでしょう。投資経験がある人でも「次は何を買うのがよいか」「何を買うか」は常に悩みますから、初心者にはとても難しい問題ですよね。まったくの投資初心者だと、「なんとなくトヨタの株が安心かな」とか、「今の時代はエヌビディアでしょ！」のように個別企業を考えがちですが、まだ投資はよくわかっていない、投資は怖いという初心者は、まずは**投資信託から始める**のがいいと思います。

ただ、投資信託にも株式投信、債券投信、不動産投信などさまざまありますし、株式投信には日本株投信、海外株投信があります。

さらに、一口に海外株投信といっても、米国株、欧州株、インドや中国など新興国の株式に投資する投資信託もあれば、世界四十数カ国の株式に幅広く投資する全世界株式投信もあります。

さらにさらに、成長株投信、高配当株投信などもあれば、AI（人工知能）のような旬のテーマに沿った企業に投資するテーマ型投信などもあります。

投資信託協会によると、**NISA口座で購入できる投信（上場投信を含む）は約2300**

本もあります（2024年9月時点）。先ほど「金融機関選びのポイント」でも述べましたが、選択肢が多すぎると選ぶのが難しくなるのと同じで、これでは選びようがないですね。

「みんなが買っている投信」から始めてみよう！

投信の内容を詳しく調べる時間や専門知識がなかったり面倒だったりして投信を選ぶのが難しい人は、まずは「売れ筋投信」を買うのがよいと思います。

ここでいう**「売れ筋」とは、残高が大きい投信**という意味です。残高が大きい投信は多くの人が買っているわけですから、いわゆる「口コミ情報が高評価」という精神的な安心感があります。

しかもその高評価の背景では、信頼できる投信ブロガーや我々のような専門家が投信の投資方針や過去の運用実績、手数料などをいろいろと分析した結果、長期投資に適した投信と位置づけ、マネー誌やテレビ等のメディア、投資セミナー等で発信しているわけですから、**大失敗するリスクは相対的に小さい**と考えられます（もちろん値下がりするリスクはあります）。

どうせリスクを取るなら「もっとも値上がりする投信を買いたい」と思うかもしれませ

図 2-2 売れ筋投信

国内株式	
ファンド名	実質信託報酬
eMAXIS Slim 国内株式（日経平均）	0.143
eMAXIS Slim 国内株式TOPIX	0.143
たわらノーロード日経225	0.143
DCつみたてNISA日本株インデF	0.176
つみたて日本株式（日経平均）	0.198

グローバル株式	
ファンド名	実質信託報酬
プラスオールカントリー株式インデックスF	0.05610
eMAXIS Slim 全世界株式（オールカントリー）	0.05775
eMAXIS Slim 全世界株式（除日本）	0.05775
SBI・全世界株式インデックス・ファンド	0.10220
楽天・全世界株式インデックス・ファンド	0.19100

（注）NISAつみたて投資枠採用、純資産総額1000億円以上、実質コストが安い5本、実質信託報酬は年率%、ETFは除外
（資料）日経電子版「投資信託サーチ」シンプル版（2025年1月14日検索）

んが、どの投信がもっとも値上がりするか事前にわかるものではありません。高望みは禁物です。まずは**売れ筋投信から始めて、慣れてきたら自分の気に入った投信に購入対象を広げる**という順序が**精神衛生上もよい**でしょう。

なお一般的に「売れ筋」というと「最近よく売れているもの」を指しますが、**直近数カ月の購入額が急増している投信は、一過性のブームで売れているだけ**の可能性もあります。この手の投信はブームが過ぎると大きく値下がりすることもあるので、残高が大きい投信のほうがより無難です。

Q-17

つみたて投資、毎月いくら買えばいい？

Ans.

まず「○年後に△万円」という目標をハッキリさせよう。
あとはリスク・リターンの大きさから逆算方式で毎月の投資額が決まる。

いくら買えばいいかわからない

私は資産形成では**「適度な投資額」が肝心**だと考えています。どのくらいが適切かは人によって異なりますが、まず基本になる考え方は**「10年以内に使う予定がないお金を投資に回しておく」**ことです。

標準的な投資信託（リターン年率6％、リスク年率18％）の場合、**10年後には元本の1・8倍程度に増える**と期待できるからです（図3－8参照）。もちろん10年後にタイミング悪く株価が大幅下落する可能性もありますが、10年後の元本割れ確率は統計上8％程度です。リスクはゼロではありませんが、私は預貯金で置いておくよりもずっと有利だと考えています。

ただし、漠然と「10年以内に使う予定がないお金」といっても、それが毎月1000円だとしましょう。毎月1000円ずつつみたて投資しても、30年後に期待できる資産額は100万円程度です。

必要な投資額を逆算してみよう

実際のところ、どのくらい投資すればよいのか計算してみましょう。**今40歳の人が30年後の70歳時点で2000万円を資産形成**したいとします。それには毎月いくらずつ投資すればよいでしょうか。

つみたて投資の必要投資額を把握するには、図2－3が役に立ちます。これは「毎月1万円つみたて投資」した場合について、将来の資産額を利回りごとに計算したものです。たとえば**利回り6％**の場合、30年後の資産額は979万円ですから、2000万円にするには**毎月2万円強**（2000÷979＝2・04）を投資すればよいわけです。ちなみに30年間の投資元本の約2・7倍に増える計算です。

同じく利回り6％で**20年後に2000万円にするには、毎月4万4000円**くらい（2000÷456＝4・38）を投資する必要があります。この場合は元本の1・9倍に増える格好です。

このように「○年後に△万円」という目標が決まったら、図2－3を使って逆算すると毎月の必要投資額を求めることができます。

図 2-3　毎月1万円つみたて投資した場合の資産額

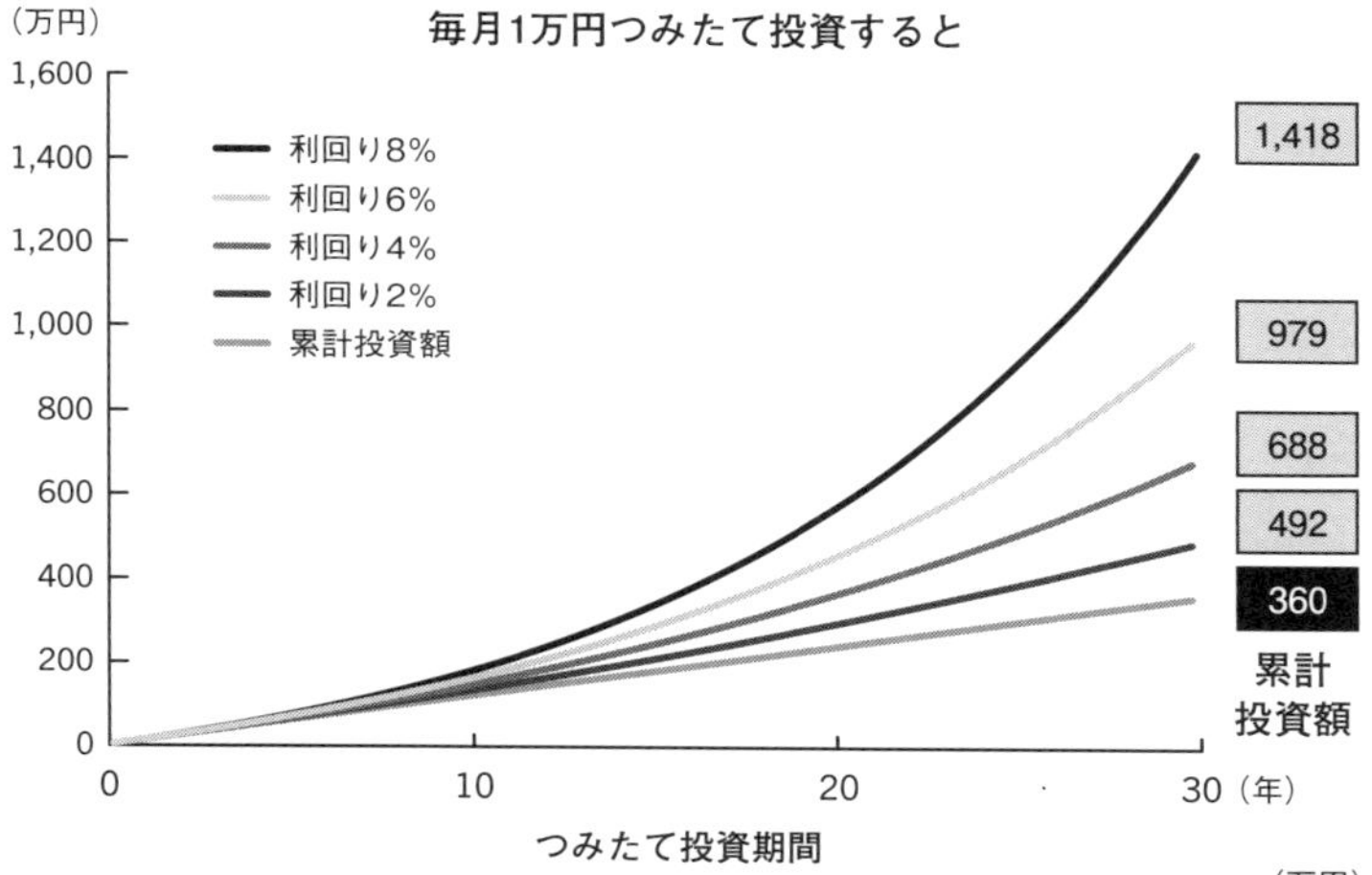

(万円)

投資期間	利回り2%	利回り4%	利回り6%	利回り8%	投資額
5年	63	66	70	73	60
10年	133	147	163	181	120
15年	210	245	288	340	180
20年	295	365	456	573	240
25年	389	511	680	915	300
30年	492	688	979	1,418	360
35年	606	903	1,380	2,156	420
40年	733	1,165	1,917	3,242	480
45年	872	1,484	2,635	4,837	540
50年	1,026	1,871	3,596	7,180	600
55年	1,196	2,343	4,882	10,623	660
60年	1,383	2,917	6,604	15,683	720
65年	1,591	3,616	8,907	23,116	780
70年	1,819	4,466	11,989	34,039	840

ここで、**利回り6%は、私が考える株式投資信託の標準的な利回り**です。図3－10に示したように過去約40年間の実績値は年率10%前後だったので実際はもう少し高いかもしれませんが、将来は不確実ですし老後に備えるための想定利回りなので、**やや低めの数字**を想定しています。

もっとリスクを抑えた投資をしたい場合は、利回り4%や2%の列を参照してください。当然ですが、毎月の必要投資額は利回り6%の場合よりも多くなります。

Q-18

つみたて投資と一括投資。必要な投資額はどのくらい違う？

Ans.

一括投資のほうが、必要な投資額は少なく済む。
リターン年率6％の場合、目標が30年後なら投資額は半分以下。

一括投資のほうが必要投資額は少ない

ある程度まとまった余裕資金がある人は一括投資を検討するのもよいでしょう。つみたて投資と比べて、一括投資のほうが必要投資額が少なく済むからです。

図2－4は「100万円を一括投資」した場合の将来の資産額です。先ほどと同じ利回り6％のケースをみると30年後は574万円ですから、**30年後に2000万円にするための投資元本は約348万円**となります（2000÷574＝3.48）。つみたて投資で30年後に2000万円にするには毎月約2.04万円の投資が必要でしたから、**30年間の累計投資額は約735万円。**一括投資の場合はこの半分以下で済む計算です。

なぜ一括投資のほうが投資元本が少なく済むかというと、**同じ30年間でも実質的な投資期間がつみたて投資よりも長い**からです。一括投資の場合、**最初に投資した全額が利回り6％で30年間増えて**いきます。

一方、つみたて投資の場合、最初に投資した1万円は30年間増えますが、スタートから10年後に投資した1万円は20年間しか、25年後に投資した1万円は5年間しか増えません。そのため一括投資のほうが投資期間の平均運用額が多く、運用上は有利になるのです。

図 2-4 100万円を一括投資した場合の資産額

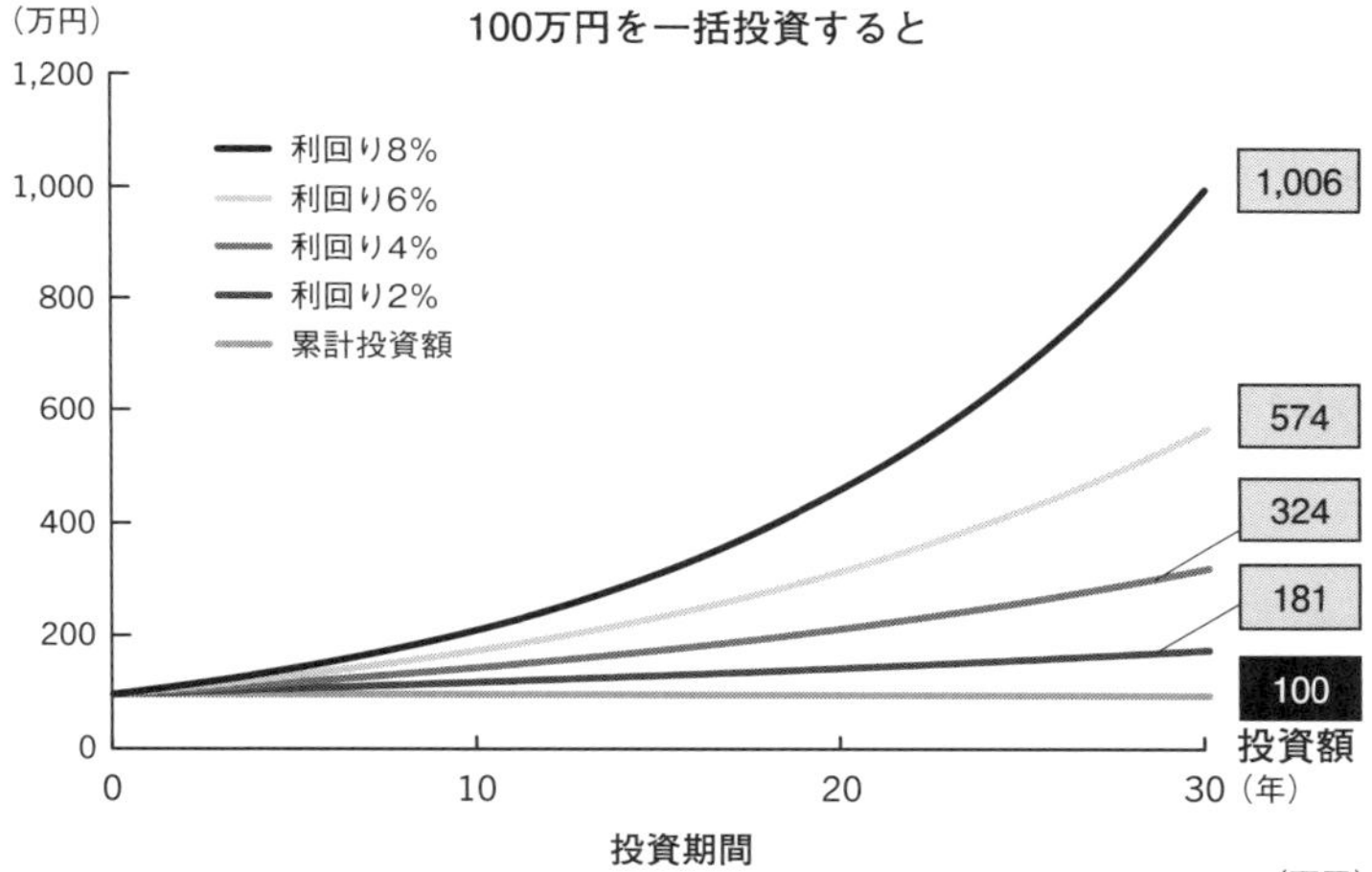

(万円)

投資期間	利回り2%	利回り4%	利回り6%	利回り8%	投資額
5年	110	122	134	147	100
10年	122	148	179	216	100
15年	135	180	240	317	100
20年	149	219	321	466	100
25年	164	267	429	685	100
30年	181	324	574	1,006	100
35年	200	395	769	1,479	100
40年	221	480	1,029	2,172	100
45年	244	584	1,376	3,192	100
50年	269	711	1,842	4,690	100
55年	297	865	2,465	6,891	100
60年	328	1,052	3,299	10,126	100
65年	362	1,280	4,414	14,878	100
70年	400	1,557	5,908	21,861	100

Q-19

「投資は怖いから預貯金」じゃダメ？

Ans.

怖いのは預貯金の価値が目減りするインフレ。

インフレで預貯金が目減りするリスクを承知のうえなら、無理に投資しなくてもよい。

なんとなく怖くて投資を始められない……

なんとなく怖くて、口座をつくったら満足してしまって、時間がなくて……。前項までに取り上げた「何をいくら買ったらいいかわからない」という人以外にも、関心はあるけれど投資を始めていない人はたくさんいます。

こうした人に共通するのが、自分のお金を預貯金で置いてあることです。しかし、皆さんが生活実感として感じている通り、ここ数年の日本はインフレですから、預貯金の価値は実質的に下がりました。

たとえば2023年の消費者物価指数（総合）の上昇率は3・2％、2024年は2・7％でしたから、この2年間で預貯金の価値は5％以上も目減りしたことになります。金額にすると、たとえば1000万円の預貯金は2年間で実質50万円以上も目減りしたのです。これを承知のうえで納得しているなら無理に投資することはないでしょう。

一方、日経平均株価はここ2年間で50％以上も上昇して……という話はしません。「たまたま上昇しただけでしょ？」と反論されるかもしれないですし、そもそも**私は2～3年間の株価変動と資産形成はあまり関係ないと考えている**からです。

図 2-5 緩やかなインフレが見込まれている

CPI上昇率(年平均、%)			予測期間	回答者数
総平均	高位8人	低位8人		
1.66	2.06	1.15	2026～2030年度	32人

(資料)日本経済研究センター　2024年12月調査

緩やかなインフレは続く

大事なことは、今後も緩やかなインフレが続きそうだということです。日本経済研究センターがまとめた2026～2030年のインフレ率予想によると、主要エコノミスト32人の平均で年率1・66%となっています。32人のうち低位予想8人の平均は1・15%、高位予想8人の平均は2・06%ですから、低めに見積もっても1%程度、高ければ2%程度のインフレが2030年頃まで続きそうだということです。

より長期のインフレ予想は不確実性を伴いますが、政府・日銀が目指しているのは「2%程度の安定的な物価上昇」です。日本の潜在需要が決して強くないことを考えると実際に2%のインフレが続くかは微妙ですが、少子高齢化に伴う人手不足、消費者マインドの変化、賃上げの定着化などから、**1～2%程度のインフレは想定**しておくのが無難でしょう。

Q-20

インフレで預貯金はどのくらい目減りする？

Ans.

インフレ率や預金金利しだい。現状だと30年後には実質2～4割目減りする恐れ。

インフレの恐ろしさ

ここで図2－6をご覧ください。上段は「現在100万円の物がインフレでどのくらい値上がりするか」を表しています。インフレ率1％の場合、**今100万円の物が30年後には134万円**になります。インフレ率が2％なら181万円に上昇する計算です。

一方、10年定期預金の金利は0・4％（三菱UFJ銀行、2025年2月時点）で、仮に金利が変わらなければ30年後に110万円にしか増えません（預金利息に20％課税）。預貯金では完全にインフレに負けてしまいます。

図2－6下段は「現在の100万円の預貯金の価値がインフレでどのくらい目減りするか」を表しています（預貯金金利は0・4％で計算）。インフレ率1％の場合でも現在の100万円の価値が30年後には81万円に、インフレ率2％なら61万円に実質的に目減りしてしまうのです。

つまり、「老後のために」と思って**預貯金で100万円を置いておいても、実質的には60万～80万円程度しか貯蓄できていない**ことになりかねません。これでは老後の資金計画が狂ってしまいかねません。

図 2-6　インフレで目減りする預貯金

[上段]

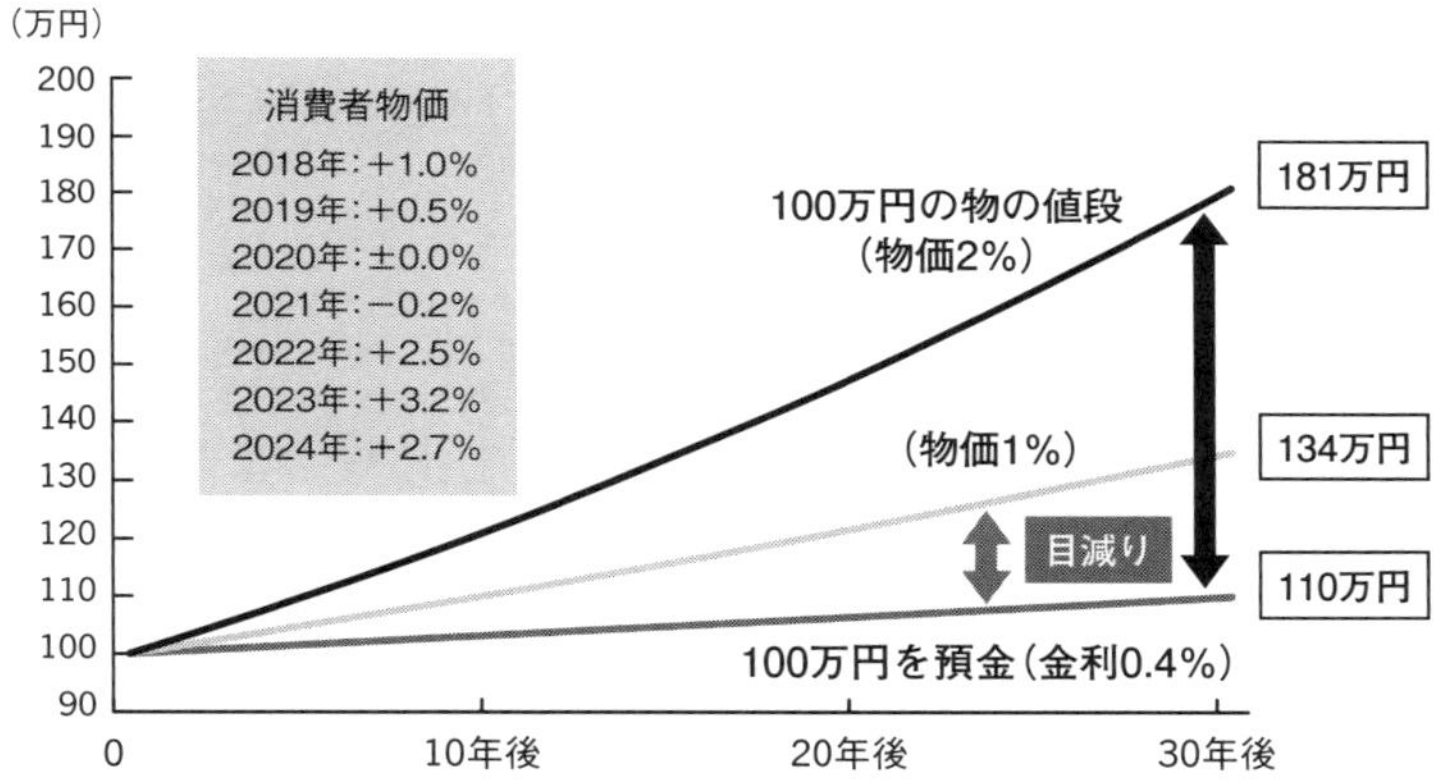

(注)預金利息に20%課税
(資料)筆者作成

[下段]

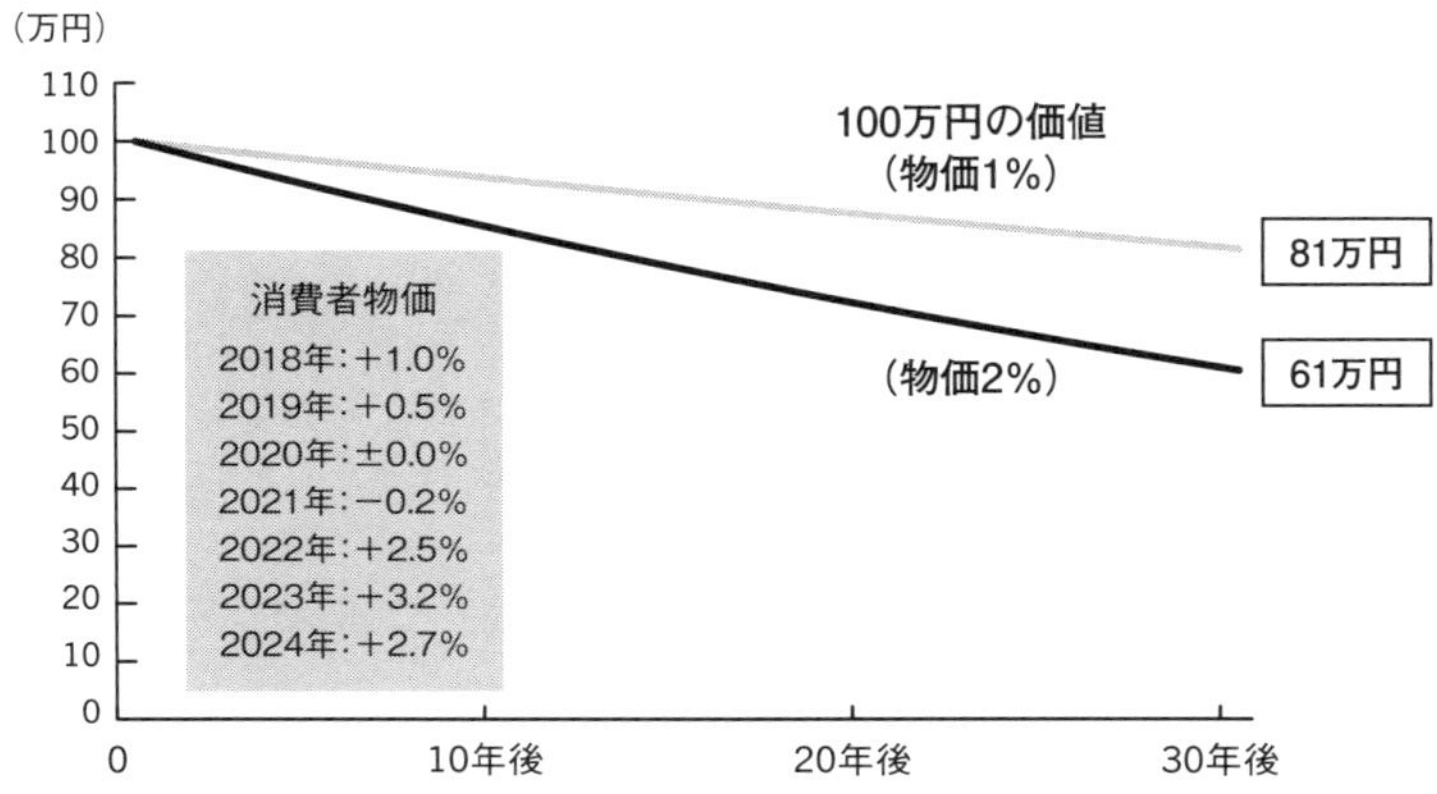

Q-21

預貯金でも十分なケースはある？

Ans.

デフレ時代の預貯金は「元本保証かつ実質的に増える」の「いいとこ取り」ができた。今後、日本がデフレに戻れば預貯金は目減りしない。

「預貯金も立派な資産運用」と認識を

「預貯金はあるけれど、資産運用の経験はない」という人がいます。これは大間違いです。現代の**預貯金とは「元本が保証されている代わりに、金利がきわめて低い金融商品」**ですから、まぎれもなく資産運用の一種です。

「預貯金はリスクがない」というのは、あくまで名目上（インフレ率が預貯金の税引き後金利より低い場合）の話であって、インフレで実質的な価値が目減りするリスクはゼロではありません。

それでも「株や投資信託で大きく元本割れするリスクを背負うことと比べれば、インフレで毎年1～2％ずつ目減りするほうがマシだ」という考え方もあるでしょう。

このようにインフレによる「目減りリスク」をきちんと認識している人は、無理してまで投資をする必要はないと思います。もし株や投信で元本割れしたら後悔するでしょうし、投資の際に参考にした人やメディアを恨みたくなるかもしれません。これはこれで不幸なことです。

「日本はデフレに戻る」「預金金利がインフレ率を上回る」なら預貯金も選択肢

他にも「預貯金で十分」というケースは考えられます。たとえばエコノミストの予測とは反対に日本がデフレに戻る可能性も絶対にないとは言い切れません。もしくは、背景や要因は別として、日銀がどんどん利上げして預貯金の金利がインフレ率を上回る可能性もゼロとはいえません(可能性はかなり低いと思いますが)。これらの場合も「預貯金で十分」という考え方が成り立ちます。

要は、株式や投信でどのくらい増えるか/減るかが不確実なのと似ていて、預貯金が実質的にどのくらい増えるか/減るかも不確実(今後のインフレ率しだい)なのです。結局のところ、**「自分のお金をどこに、どんなかたちで置いておくか」に尽きる**ので、預貯金がインフレで目減りするリスクを取るか、株式や投信の価格変動リスクを取るかです。

デフレ時代の預貯金は「元本保証かつ実質的に増える」という「いいとこ取り」ができたのですが、残念ながらインフレ時代はそれができません。

Q-22

いつ、つみたて投資を始めればいい？

Ans.

長期投資ならいつ始めても大差ない。つみたて投資の場合、当初の元本は影響が小さい。

つみたて投資はいつ始めてもいい

「口座はつくったけれど、いつ投資を始めるか迷っている」という人は多いですが、長期つみたて投資なら始めるタイミングを考えてもあまり意味がありません。

理由は2つあります。まず、長期つみたて投資なら**当初の元本の影響は小さい**からです。たとえば毎月1万円ずつ20年間のつみたて投資の場合、最初の1年間の投資額は12万円です。これは投資期間全体（20年間）の元本240万円の20分の1（5％）です。ましてや、**最初の1カ月の投資額1万円は全体の240分の1（0・4％）**に過ぎません。

投資を始めた直後に株価が下落すると不安になるかもしれませんが、つみたて投資を実践するということは**「長期的には株価が上昇する」という考え方に立脚**していることに他ならないのですから（長期的に株価が下落すると考える人が株式に投資するのは矛盾しています）、一時的な株価下落を恐れる必要はまったくありません。

しかも、**長い長い投資期間のほんの最初**ですから、投資額の割合も全体のごく一部に過ぎません。「20年後の株価は今より高いはず」と思えるなら、始めるタイミングを悩んだりせず、**口座開設や投信選びなどの準備ができしだい、速やかに投資を始める**のがいいでしょう。

Q-23

つみたて投資を始めるタイミングで結果がどう変わる？

Ans.

焦って投資を始める必要はないが、遅らせすぎないように。目安は3カ月以内。あれこれ悩むうちに機会損失が膨らむリスクを自覚しよう！

つみたて投資を始めるなら、遅らせすぎないほうがよい

「タイミングを難しく考えず準備ができたら速やかに投資を始めましょう」といわれても、なかなか信じられないかもしれません。

そんな人は「Q－7」を読み返してみてください。株価上昇の起点となったアベノミクス直前の2012年につみたて投資を始めるよりも、バブルのピークだった1989年末に始めたほうが投資資産が大きく増えたのです。

しかも、これはバブル崩壊による株価下落が長く続いた日本株の場合です。図2－7の通り米S&P500や全世界株式（MSCIオール・カントリー・ワールド・インデックス）は、2008年のリーマンショックなど一時的な下落もありましたが、長期的には右肩上がりですから、**早いうちに投資元本を増やしておけば、より大きく儲かった**わけです。

意地悪な言い方ですが、これまで投資をすることを見送ってきた人は、あれこれ悩んでいるうちに株価が上昇して儲ける機会を逃してしまったわけですね。

もちろん焦って投資を始める必要はありませんが、あまり遅らせすぎないように気をつけていただきたいと思います。口座開設や商品選びなどの時間も必要ですから、目安として3

図 2-7　TOPIX、S&P500、全世界株式

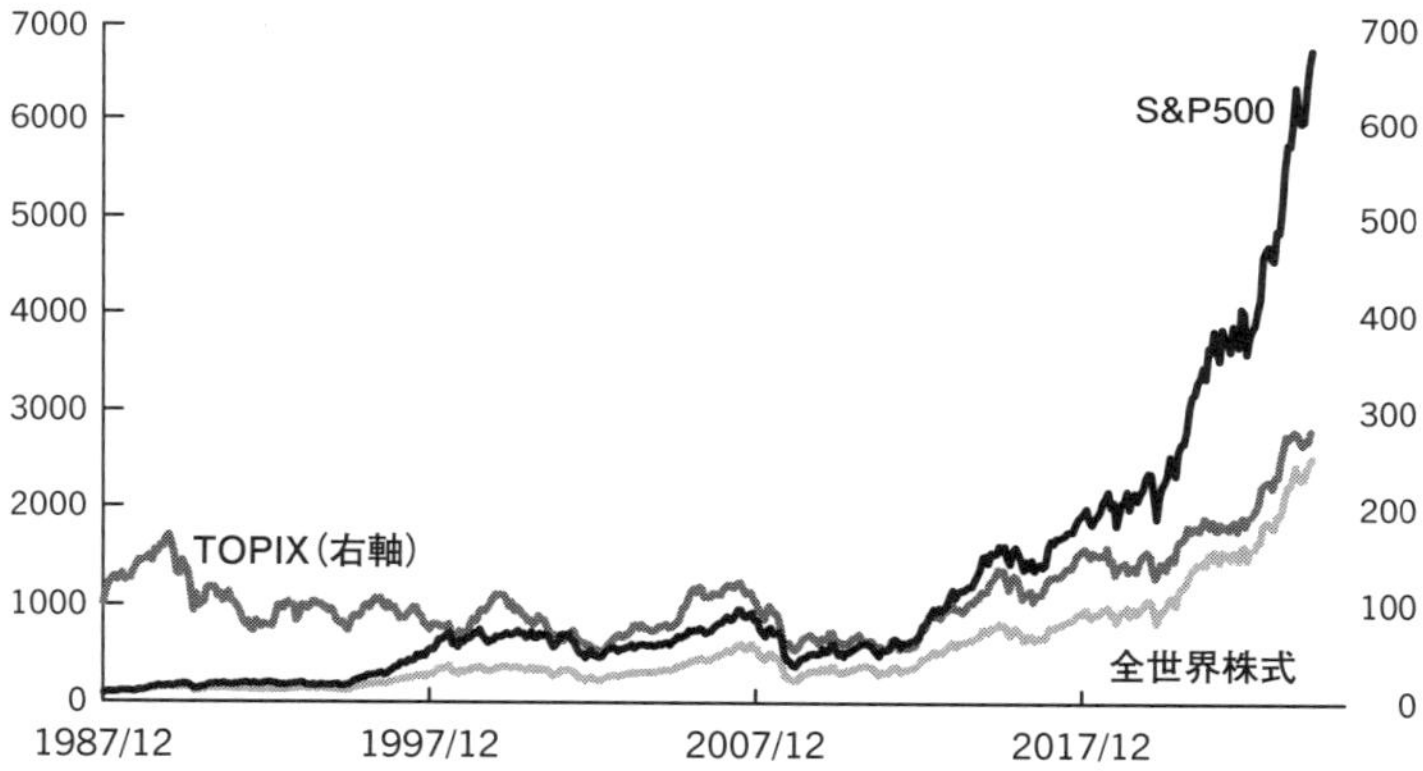

（注）1987年末を100として指数化。為替ヘッジなし円ベース、配当込み
（資料）Morningstar Directのデータより作成

カ月以内にスタートできれば十分でしょう。

なお、投資に慎重な人ほど、投資を始めた直後は株価や為替の動き、投資資産の状況が気になって仕方ないでしょう。毎日チェックしたくなるかもしれませんが、そのうちあまり気にならなくなると思います。特に仕事、育児、家事、介護などで忙しい人ほど、いずれ「そういえば、しばらくみていなかった」となるはずです。

それでいいと思います。専業投資家（デイトレーダーなど）ではないのですから、投資よりも仕事や育児などご自身の「本業」により多くの時間とエネルギーを投入すべきです。私自身は**投資は人生をより豊かにする「おまけ」**くらいに思っています。

Q-24

一括投資の場合、いつ投資すればいい？

Ans.

長期投資が前提なら、一括投資の場合も深く悩む必要はない。5年や10年だと結果のばらつきが大きいが、20年後の結果は安定的。あれこれ悩むうちに機会損失が膨らむリスクを自覚しよう！

一括投資も、長期保有が前提ならいつ買ってもいい

一括投資のタイミングが難しいのは短期的な儲けを狙う場合の話です。長期投資が前提なら、投資タイミングの違いによる影響は相対的に小さくなります。

論より証拠、図2-8でご説明します。一番上のグラフ「5年後の年末まで」は、S&P500の「年間の安値から5年後の年末までの騰落率」と「同じ年の高値から5年後の年末までの騰落率」の比率を表しています。

たとえば左端の「1984」は、「1984年の安値から1988年末終値の騰落率(89%)」と「1984年の高値から1988年末終値の騰落率(64%)」の比率が1・4倍であることを示します。ほか2つのグラフは、同じように10年後・20年後の年末までの騰落率の比です。なお、騰落率の差としなかった理由は、差が同じ10%でも騰落率100%の場合と300%の場合では「10%の意味」がまったく違うからです。

「5年後の年末まで」では、騰落率の比はマイナス4・3倍~3・9倍の開きがあります。「10年後」でもマイナス3・7倍~7・9倍の開きがありますが、**「20年後」だと1・1倍~1・7倍**に収まります。

この結果からいえることは、**投資期間が5年や10年の場合は「いつ買うか」によって結果に大きな違い**が出る可能性が高いものの、**20年タームで保有するなら投資タイミングによる結果の差は相対的に小さくなる**ということでしょう。しかもこの分析は年間の「高値か安値か」という極端なケースを想定しています。年間の高値や安値ぴったりで購入するケースは稀でしょうから、実際の差はもっと小さくなるはずです。

つまり、一括投資の場合も長期投資が前提なら、「いつ買うか」悩んでもムダといったら語弊がありますが、**あまり深く悩まずに「下がったら少し買う」を何度か繰り返す**程度でいいと思います。

なお一括投資のリスクについては、第3章で掘り下げた分析を紹介しています。

図 2-8　年間の高値・安値で買っても20年後のリターンは安定的

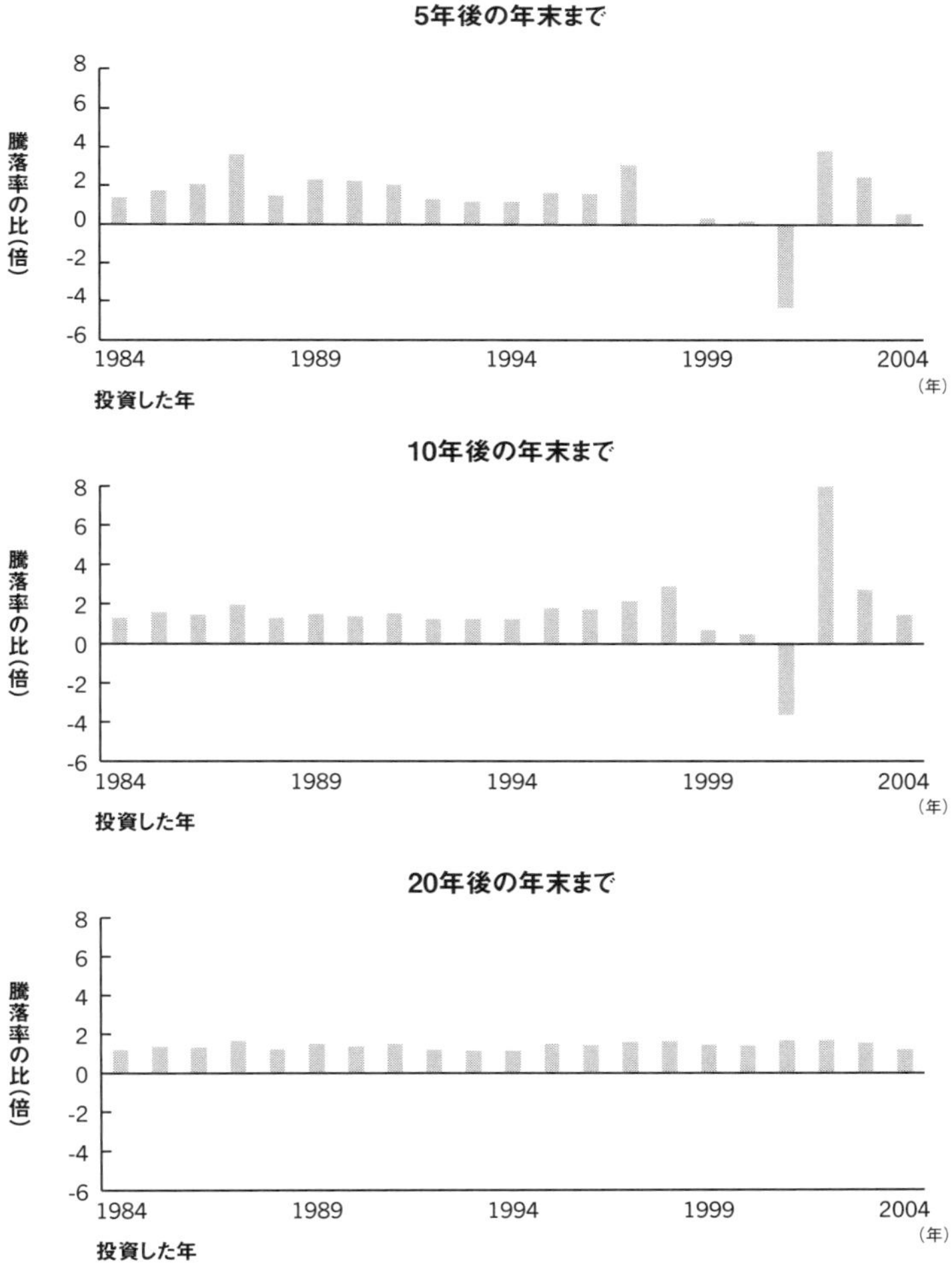

Q-25

旧NISA口座で保有の投信はどうする？

Ans.

旧NISA口座で投資信託などを保有している場合の考え方は意外とシンプル。新NISA口座の年間投資枠に余裕があるか否かで判断すればいい。旧NISA口座で保有し続ける場合は、非課税期間内の売却を忘れずに。

基本は非課税投資枠を最大限活用すること

よく「旧ＮＩＳＡはどうすればいいですか？」と聞かれます。同じような疑問、悩みを抱えている方も少なくないかもしれません。答えは割とシンプルで、新ＮＩＳＡの年間投資枠３６０万円を使い切る予定か否かで２通りに分かれます。

①新ＮＩＳＡの年間投資枠３６０万円を使い切る予定の場合

旧ＮＩＳＡ口座で保有している株式や投資信託はそのまま置いておき、**旧ＮＩＳＡの非課税期間が満了するまでに売却**しましょう。こうすることで、新旧ＮＩＳＡ両方の非課税投資枠を最大限活用できます。

②新ＮＩＳＡの年間投資枠を使い切る予定がない場合

年間３６０万円のうち**枠が余る範囲で旧ＮＩＳＡ口座の投信などを売却し、新ＮＩＳＡ口座で同金額分を買い戻し**ましょう。たとえば新ＮＩＳＡ口座での購入額が年間３００万円なら、旧ＮＩＳＡで保有している投信などを60万円分売却し、新ＮＩＳＡ口座で60万円分を購

図 2-9 **旧NISA口座をどうするか**

新NISAの年間投資枠 360万円	旧NISA口座で保有している 投信など
使い切る予定	保有継続。ただし旧NISAの非課税期間内の売却を忘れないように注意
使い切らない予定	新NISAの年間投資枠が余る分だけ売却し、新NISA口座で買い戻す 例：新NISA口座で300万円分購入する予定なら、旧NISA口座の投信などを60万円分売却し、新NISA口座で買い直す（別の投信を買ってもいい）

入します。このとき売却した投信などと別の金融商品を購入しても構いません。

なぜ、わざわざ往復売買するかというと、旧NISAの非課税期間が過ぎてしまうリスクを回避するためです。

たまに「新NISAの枠に余裕があるけれど、旧NISAはそのまま置いてある」という人がいます。旧NISAの非課税期間内にきちんと売却できればいいのですが、**うっかり忘れてしまうと、売却時に課税**されてしまいます。新NISAの非課税期間は「生涯」ですから、年間投資枠に余裕があるなら、さっさと旧NISA口座から金融商品を移してしまったほうが安心です。

Q-26

旧NISA口座の非課税期間の注意点は？

Ans.

旧NISA口座で保有し続ける場合は、非課税期間内の売却を忘れずに。売却日が「受渡日ベース」で判定される点には特に注意を！

旧NISA口座の非課税期間を再確認しよう

改めて旧NISA口座の非課税期間を確認しておきましょう。新NISA口座の年間投資枠（360万円）を使い切る予定があるなど、何らかの理由で旧NISA口座で投信等を保有し続ける場合、旧NISA口座の非課税期間を過ぎると**売却益に課税されてしまうので、確認することはとても大事**です。

①一般NISA

購入した年を含む5年後の年末までに売却すれば非課税です。勘違いしやすいのが「購入した年を含む」という点です。たとえば、2021年に購入した投信等は2025年末が期限です。図2-10を参考に、いつまでに売却すればよいかチェックしてみてください。

細かいですが重要なことは、**売却日が「受渡日ベース」で判定**される点です。国内株式などの場合、通常は売却注文から受け渡しに2営業日を要するので、12月最終営業日の2営業日前までに売却注文を出す必要があります。外国株式や外国株投信の場合さらに数営業日が必要なこともあるので、**12月になったら早めに売却**しておくのが無難でしょう。

図 2-10 **旧NISA口座の非課税期間**

	購入年	非課税期限
一般NISA	2021年 2022年 2023年	2025年末 2026年末 2027年末
つみたてNISA	2018年 2019年 … 2023年	2037年末 2038年末 … 2042年末
ジュニアNISA	いつ購入したかに関係なく、1月1日時点で口座名義人が18歳となる前年末	

(注)非課税期限は受渡日ベース

②つみたてNISA

購入した年を含む20年後の年末まで非課税です(受渡日ベース)。一般NISAよりも非課税期間が長く、つみたてNISAが始まった2018年に購入した投信等でも2037年末まで非課税なので、時間的にはだいぶ余裕があります。

とはいえ、新NISA口座の年間投資枠に余裕があるなら、**忘れないうちにいったん売却して新NISA口座で買い戻す(実質的に移管する)**ことをおすすめします。こうしておけば課税問題と縁を切ることができるので生涯安心です。

③ジュニアNISA

口座名義人（子ども）が18歳になるまで非課税で保有できます。**年齢の判定は「1月1日時点」**なので、子どもが18歳になった年の年末までに売却すれば非課税です（受渡日ベース）。ただし、1月1日生まれの場合は、18歳になる前年の年末までに売却しないと課税されてしまうので注意が必要です。

本来ジュニアNISAの非課税期間は5年間でした。新NISA制度スタートに伴い、非課税期間が満了すると自動的に継続管理勘定へ移管され、口座名義人が18歳になるまで非課税で保有できるようになりました（新規購入は不可）。

18歳になった年末時点で投信等を保有している場合は、自動的に課税口座（特定・一般）に移管され、その後は売却益などに課税されます。

また、従来は災害など特別な理由がない限り口座名義人が18歳になるまで資産を引き出せなかったのですが、2024年以降は**年齢や理由を問わず、保有している投信等の全額を非課税で引き出すことができる**ようになりました（一部のみの引き出しはできません）。その際、ジュニアNISA口座は閉鎖することになります。

Q-27

旧NISA口座の非課税期間を過ぎてしまったら？

Ans.

今後の値上がり益にも課税されるので、課税覚悟で売却を。
その資金で同じ商品を買い戻すか、他の商品の購入を検討。

旧NISAの非課税期間を過ぎてしまったら

旧NISA口座で保有している投信を非課税期間のうちに売却し忘れた！　実は私、これをやってしまったんです……。旧一般NISA口座で2019年に購入した投資信託があったので、「2023年末までに売却しなければ」と思っていたのですが、12月は何かと慌ただしくて、うっかり年を越してしまいました。2024年1月にハッ！　と思い出しましたが、時すでに遅し……。**保有している投資信託は課税口座に移管されていました。**

さて、どうするか。選択肢は2つ。①課税口座で保有し続けるか、②課税覚悟で売却して新NISA口座で買い戻すか。

私が選んだのは、「②課税覚悟で売却して新NISA口座で買い戻す」です。

旧NISA口座で保有していたのは日本株の配当利回りファンドです。今後も長期的な値上がりを想定していたので、課税口座で保有し続けると将来売却したときの税金が今売却するよりもさらに多くなる。ならば今のうちに新NISA口座に実質的に移管すれば、**今後の値上がり益は非課税**になると考えたのです。

せっかくなので日本株の配当利回りファンドで手数料（信託報酬）がもっと安いファン

図 2-11　**非課税期間を過ぎてしまった場合の対応**

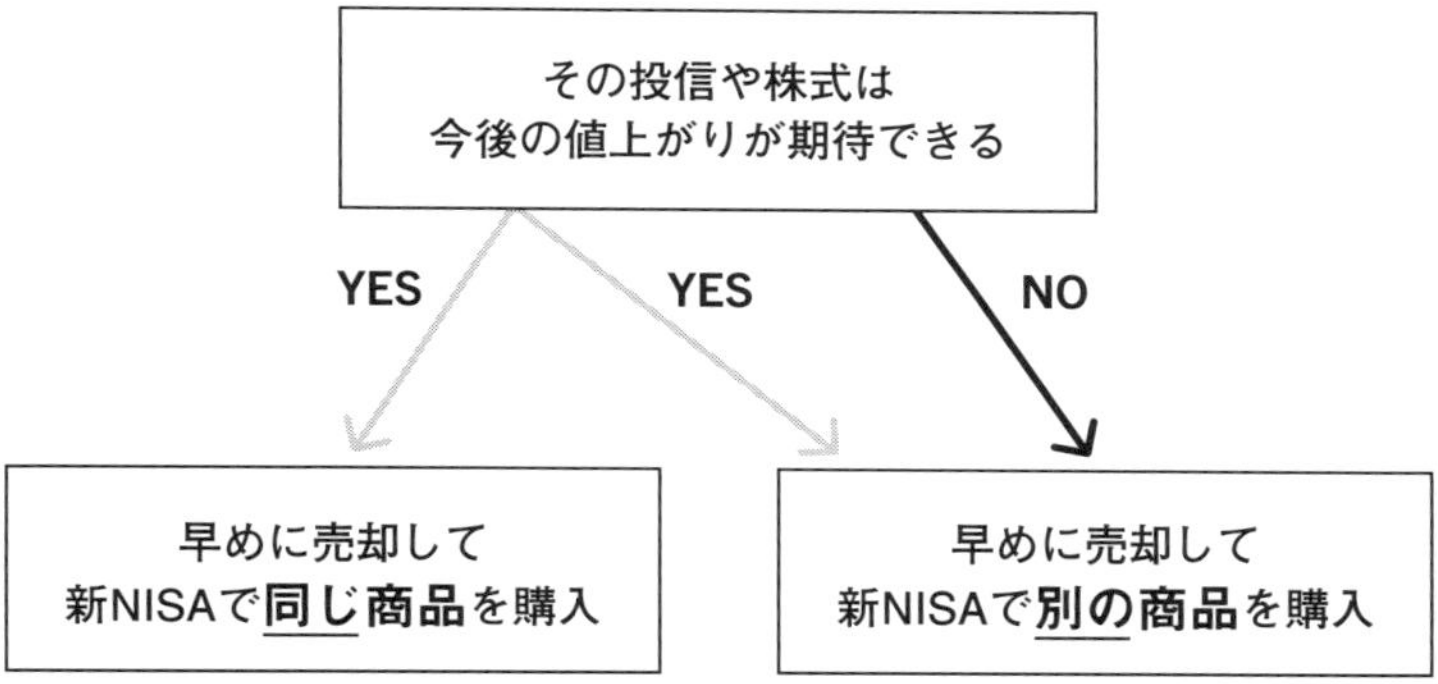
その投信や株式は
今後の値上がりが期待できる
YES
YES
NO
早めに売却して
新NISAで同じ商品を購入
早めに売却して
新NISAで別の商品を購入

ドを探し、売却したのと同額を購入しました。売却時に課税されてしまったのは完全に私のミスでしたが、新ＮＩＳＡ口座に実質的に移管したことで今後の**課税問題と決別**できたので、今はスッキリした気分です。

当然ですが、非課税期間を過ぎてしまった投信や個別株が「今後は値下がりしそうだ」と考えられる場合も、さっさと売却して別の金融商品を新ＮＩＳＡ口座で購入しましょう。

以上をまとめると、旧ＮＩＳＡ口座で保有している金融商品の今後の値上がりが期待できる場合、できない場合、いずれにしても**課税覚悟で早めに売却して、新ＮＩＳＡ口座で新たに投資**するのがよいでしょう。

第3章

データで読み解く安心運用～実践編

いよいよ実践編です。「つみたて投資と一括投資のどちらが有利か」「そもそも両者のリスクはどう違うのか」「S&P500か全世界株式か」「株価が上昇したら利益確定売りすべきか」など、投資を始める際だけでなく、投資を続けるうえで多くの人が悩むであろうポイントを取り上げ、データ分析に基づいて解説します。

シニア向け投資の考え方や具体的な投資法のほか、人気のインド株や注目が高まっているベトナム株も分析しました。ぜひ参考になさってください。

Q-28

一括投資は危ない？

Ans.

「一括投資は危ない」は都市伝説。少なくとも過去は勝率7割程度で「つみたて投資」よりも成績がよかった。

「投資直後の株価下落」が怖い？

「一括投資は危険」という話を聞いたことがある方も多いでしょう。**一括投資した直後に値下がりして大損する可能性**があるから、というのが理由のようです。

私は、新NISAがスタートする直前の2023年12月に「新NISA、『毎月投資』か『1月一括投資』か」と題するレポートを公開しました。主な内容は「過去のデータを検証した結果、毎月定額つみたて投資よりも1月一括投資のほうが平均的な運用成績がよかった」ことを紹介したものです。すると、「一括投資は危ない」「買った直後に株価が下落したらどうするのか」という趣旨の不安の声が届きました。

気持ちはわからなくもないですが、「一括投資は危ない」もしくは「つみたて投資のほうが安全だ」というのは本当でしょうか？

改めて検証結果を紹介しつつ、一括投資とつみたて投資を考えたいと思います。

過去は「一括投資」が勝率7割程度

図3－1は2005年1月に投資をスタートした場合（20年間）の検証結果です。「毎

図 3-1　2005年1月に投資をスタートした場合

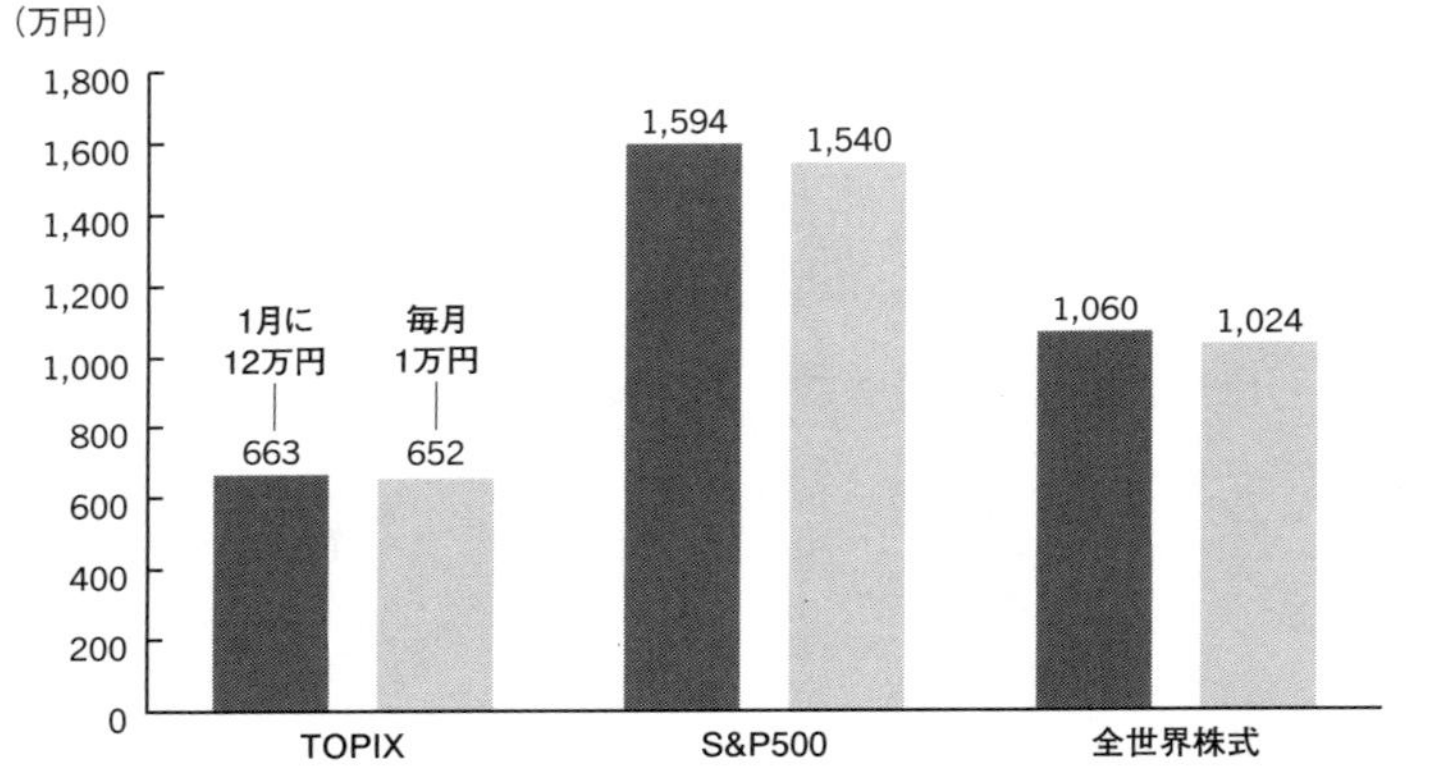

（注）2005〜2024年。1月一括投資は毎年1月初に12万円、毎月投資は毎月初に1万円ずつ投資した場合（税金、手数料は考慮せず）
（資料）Morningstar Directのデータより作成

月投資」は２００５年１月から毎月初めに１万円ずつ（年間12万円）、「１月一括投資」は２００５〜２０２４年の毎年１月初めに12万円投資して、２０２４年末まで保有し続けた場合の資産額です（税金や手数料は考慮しません）。

この結果からＴＯＰＩＸ、Ｓ＆Ｐ５００、全世界株式（ＭＳＣＩオール・カントリー・ワールド・インデックス）のすべての投資対象で「１月一括投資」のほうが「毎月投資」よりも運用成績がよかったことがわかります。ただ、これは「２００５年１月に投資をスタートした場合」の１ケースを検証した結果に過ぎません。

図 3-2　過去37ケースで1月一括投資が有利だったケース

	TOPIX	S&P500	全世界株式
年数	21	27	24
勝率	57%	73%	65%

（注）1988～2024年。1月一括投資は毎年1月初に12万円、毎月投資は毎月初に1万円ずつ投資した場合（税金、手数料は考慮せず）
（資料）Morningstar Directのデータより作成

そこで、3指数のデータが揃っている最長期間の1988年1月投資スタート、翌1989年1月投資スタート……という具合に2024年1月投資スタートまで全37ケースを検証した結果が図3－2です。

結果はどうでしょう。**TOPIXの場合、37ケース中21ケースで「1月一括投資」のほうが高い運用成績**となりました。1990年のバブル崩壊から2011年頃まで約20年間、日本株の株価下落局面が続いたことが影響して勝率こそ57％にとどまりましたが、平均的には「1月一括投資」が有利だったのです。

日本のような極端なバブルがなかった**S&P500や全世界株式は、もっと勝率が高く7割前後**です。

Q-29

なぜ「一括投資」の勝率が高かったのか？

Ans.

株価指数は基本的に右肩上がりだったので、一括投資のほうが購入単価が安く済んだ。今後も株価指数は長期上昇が期待できるので、確率的には「一括投資」の勝率が高いと考えられる。

図 3-3　**TOPIX、S&P500、全世界株式**（図2-7再掲）

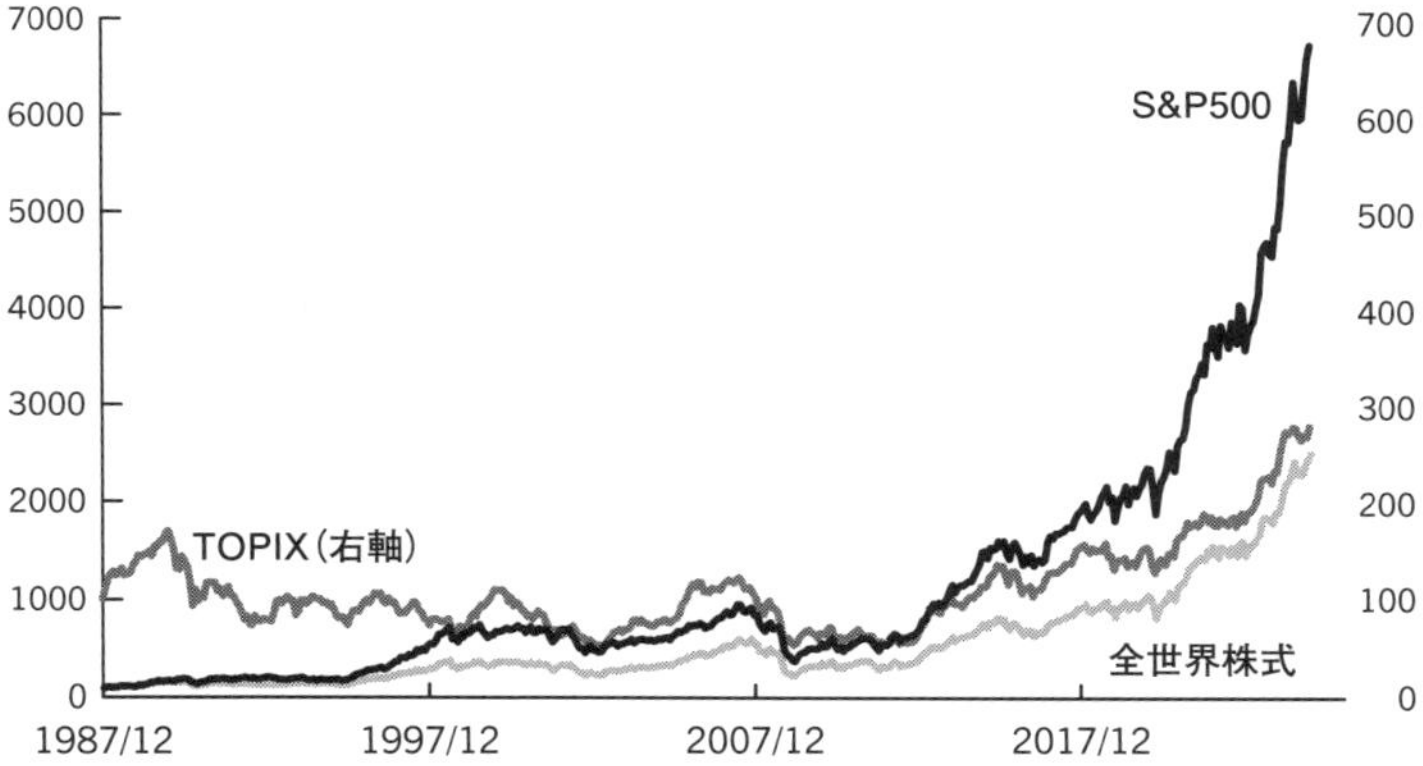

（注）1987年末を100として指数化。為替ヘッジなし円ベース、配当込み
（資料）Morningstar Directのデータより作成

一括投資のほうが「平均購入単価」が安く済んだ

なぜ、「毎月投資」よりも「1月一括投資」の勝率が高いのでしょうか。答えは簡単で、**「株価指数が基本的に右肩上がりだったから」**です。

改めて図3－3「TOPIX、S&P500、全世界株式」をご覧ください。S&P500も全世界株式も、リーマンショック時（2008年）など大きく下落した局面もありましたが、基本的には右肩上がりで推移しました。そのため**毎月定額で購入するよりも、1月に一括購入したほうが購入単価が安く済んだ**のです。

実際に購入単価を比較すると図3－4の通りで、「1月一括投資」の購入単価は「毎月投資」のそれと比べて**S&P500では約7%低く、全世界株式では5%ほど低かった**のです。

TOPIXはやや状況が違って、バブル崩壊後の株価下落局面が続いた2011年頃までは「1月一括投資」の勝率が54%とやや低かったため、購入単価の違いも約2%にとどまりました。

今後も一括投資が確率的には有利

第1章で述べた通り、今後についても株価指数は長期的に上昇が見込まれるので、**一括投資が有利な状況が続く**と考えています。長い目でみれば確率的には一括投資の勝率が高いと思います。

もちろん短期的には上げ下げを繰り返しますし、世界的な景気後退局面では1～2年タームで株価の下落基調が続くこともあるでしょう。そのような時期は「つみたて投資」が有利です。

過去の日本株は一括投資の勝率が米国株等よりも低かったですが、これはバブル崩壊後

図 3-4 平均購入単価

	TOPIX	S&P500	全世界株式
一括投資	107	1,063	523
毎月投資	110	1,144	552

（注）1987年末を100として各指数を換算

の株価下落局面が長く続いたからです。

バブルの清算は２０１０年頃に済みました。**極端な割高状態は解消され、今や「普通の市場」に戻った**ので、今後は米国株や全世界株式と同様に長期的な上昇が見込まれます。つまり、**日本株に関しては一括投資の勝率が過去よりも高くなる**可能性があります。

Q-30

結局のところ、つみたて投資と一括投資のどちらが有利？

Ans.

リターンは「一括投資」が高いはず。ただし、給料やボーナスで投資するなら「つみたて投資」が現実的な解。

つみたて投資と一括投資は取っているリスクが違う。「どちらがいいか」という話ではなく、どちらのリスクを取るかは考え方しだい。

つみたて投資は「値上がりを逃すリスク」を取っている

前項まででみてきたように少なくとも過去において、リターンに関しては「1月一括投資」が有利だったわけですが、リスクはまったく別の話です。

ここで両者のリスクの違いを説明します。まず**一括投資は「株価下落リスク」**を取っています。投資した後に株価が下落して投資した全額が損失を抱えるリスクのことです。これはイメージしやすいと思います。

一方、**「つみたて投資」は「株価の値上がりを逃すリスク」**を取っているのです。いわゆる**「機会損失リスク」**です。

2024年が典型的で、1月～6月に株価が大きく上昇、その後は（8月の一時的な急落を除いて）年初よりも高い水準で株価が推移しました。その結果、1月一括投資よりも毎月投資の購入単価が高くなったのです。

まとまった投資資金のある人が一括投資で「株価下落リスク」を取るか、つみたて投資で「機会損失リスク（値上がりを逃すリスク）」を取るかは考え方しだいです。同じ意味で、「どちらのリスクを避けたいか」も考え方しだいです。

図 3-5　一括投資とつみたて投資のリスクの違い

一括投資	つみたて投資
株価下落リスク	株価上昇リスク （機会損失リスク）

もちろん預貯金で「インフレに負けるリスク」を取るのも自由です。どれがいいとか悪いという次元の話ではありません。

機会損失は認識しづらい

厄介なのが、「株価下落リスク」と比べて「機会損失リスク」は人間が認識しづらいことです。一括投資した資産が目減りして含み損を抱えてしまうと、金融機関の口座でそれを直接認識することになります。

一方、つみたて投資の場合に「もし一括投資していたらいくら儲かっていたか」が口座情報として表示されることはありません。わざわざ自分で計算する人も少ないでしょう。

結果、機会損失の金額を認識しづらいのです。しかも「もっと買っておけばよかったけれど、損したわけじゃないし、まぁいいか」となりがちです。

ただし、**「損したわけじゃない」というのは名目上の話に過ぎません。**投資資金を預貯金で置いてあるうちに、インフレで実質的に目減りする場合と同じです。この場合は「実質的に損した」ことに等しいのですが、これも具体的な金額で認識しづらいものです。

また、人間は「儲かった喜び」よりも「損した苦しみ」を2倍くらい大きく感じるといわれています（行動経済学のプロスペクト理論）。**10万円損すると、10万円儲かったときの喜びの2倍ほど苦しい**というわけです。だから機会損失リスクよりも株価下落リスクを避けたくなり、「一括投資は危ない」とか「毎月投資のほうが安全だ」と考える人が少なくないのでしょう。

たまに私は冗談半分で「人間の脳はそんなに賢くできていない」と話します。人の感覚は大事ですが、**投資においては科学的に考えることがより重要**だと思います。

給料やボーナスで投資するなら「つみたて投資」が現実的

一括投資で「株価下落リスク」を取るか、つみたて投資で「機会損失リスク」を取るかは考え方しだいだと述べましたが、投資資金が給料やボーナスの場合は、つみたて投資が現実的な解であることはいうまでもありません。

まとまった投資資金がある人は「一括投資」するか「つみたて投資」するか選択する必要がありますが、そうでなければ「つみたて投資」をするのは自然なことです。この意味でも**「一括投資、つみたて投資のどちらがいいか」という次元の話ではない**のです。

なお本章では「毎月投資」と「1月一括投資」を比較して、過去は「1月一括投資のリターンが高かった」ことを紹介しましたが、「1月がベスト」という意味ではありません。その年によって1月がベストだったこともあれば、2月や3月、なかには12月が株価がもっとも低く一括投資のベストタイミングだったこともあります。

Q-31

一括投資とつみたて投資、元本割れリスクが小さいのはどちら？

Ans.

元本割れする確率は一括投資のほうが小さい。
しかも、平均的には一括投資のほうが大きく増える。

つみたて投資と一括投資の元本割れ確率

前項まででつみたて投資よりも一括投資の「リターンが高かった」こと、両者は「取っているリスクが違う」ことを説明しました。この項ではつみたて投資と一括投資の「元本割れリスク」を考えます。

「Q－3」で「リターンは時間とともに加速度的に大きくなる一方、リスクの増加ペースは時間とともに鈍化する」ことを説明しました。この統計データから一括投資とつみたて投資（毎月定額投資）の「元本割れ確率」および「平均的には元本の何倍になるか」を計算したのが図3－6です（数値表は図3－8に掲載）。

まず元本割れ確率からみてみましょう。購入してから1年後の元本割れ確率は、つみたて投資が約40％、一括投資は約37％で大差ありません。

ところが5年後、10年後と時間が経過すると、一括投資のほうが元本割れ確率が大きく下がります。10年後の元本割れ確率は、つみたて投資の約17％に対して一括投資は約8％と半分以下になります。**20年後は約5％と約0・3％ですから、一括投資の元本割れ確率はつみたて投資の10分の1以下**です。

図 3-6 つみたて投資と一括投資の元本割れ確率・平均収益

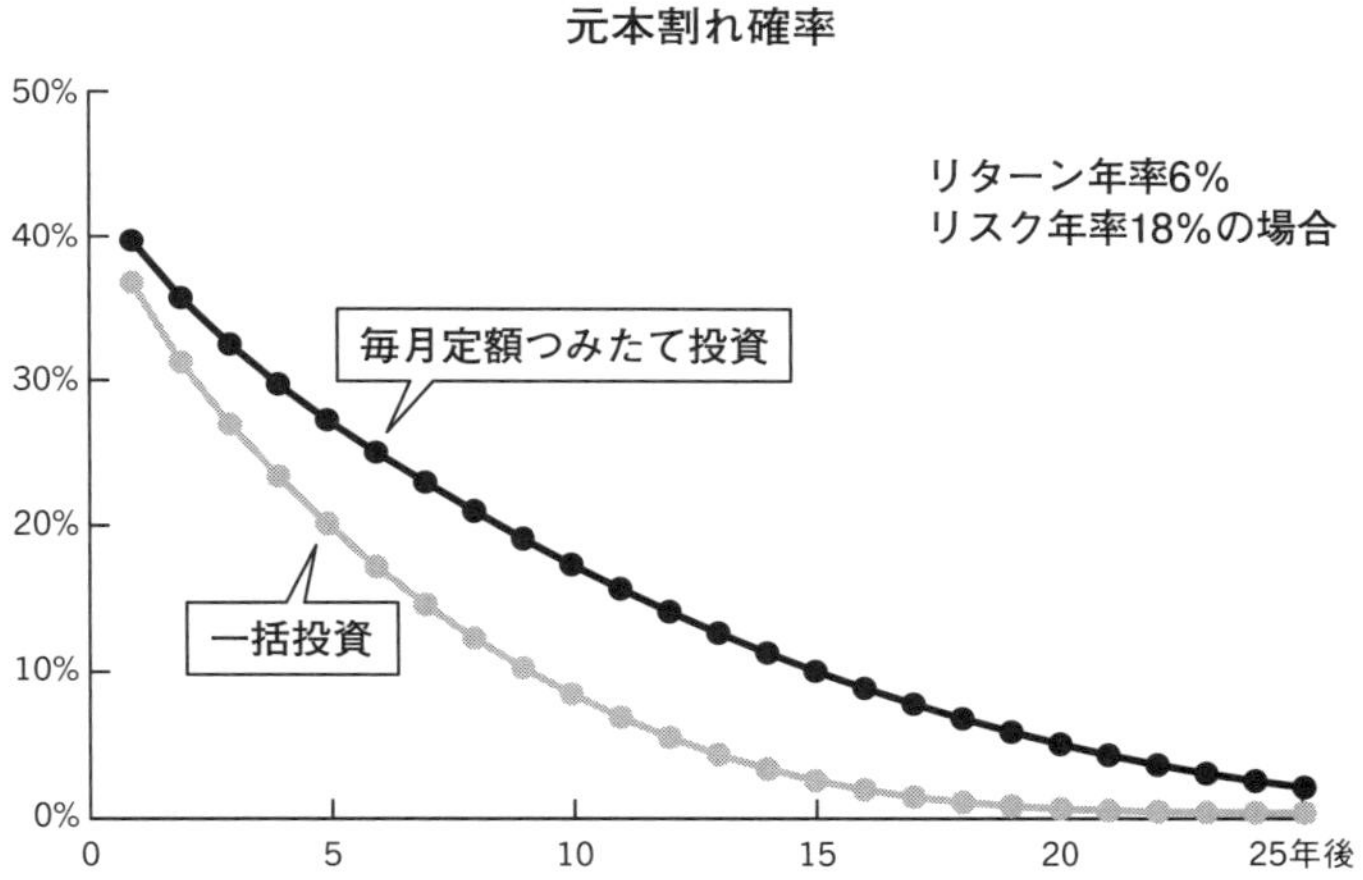

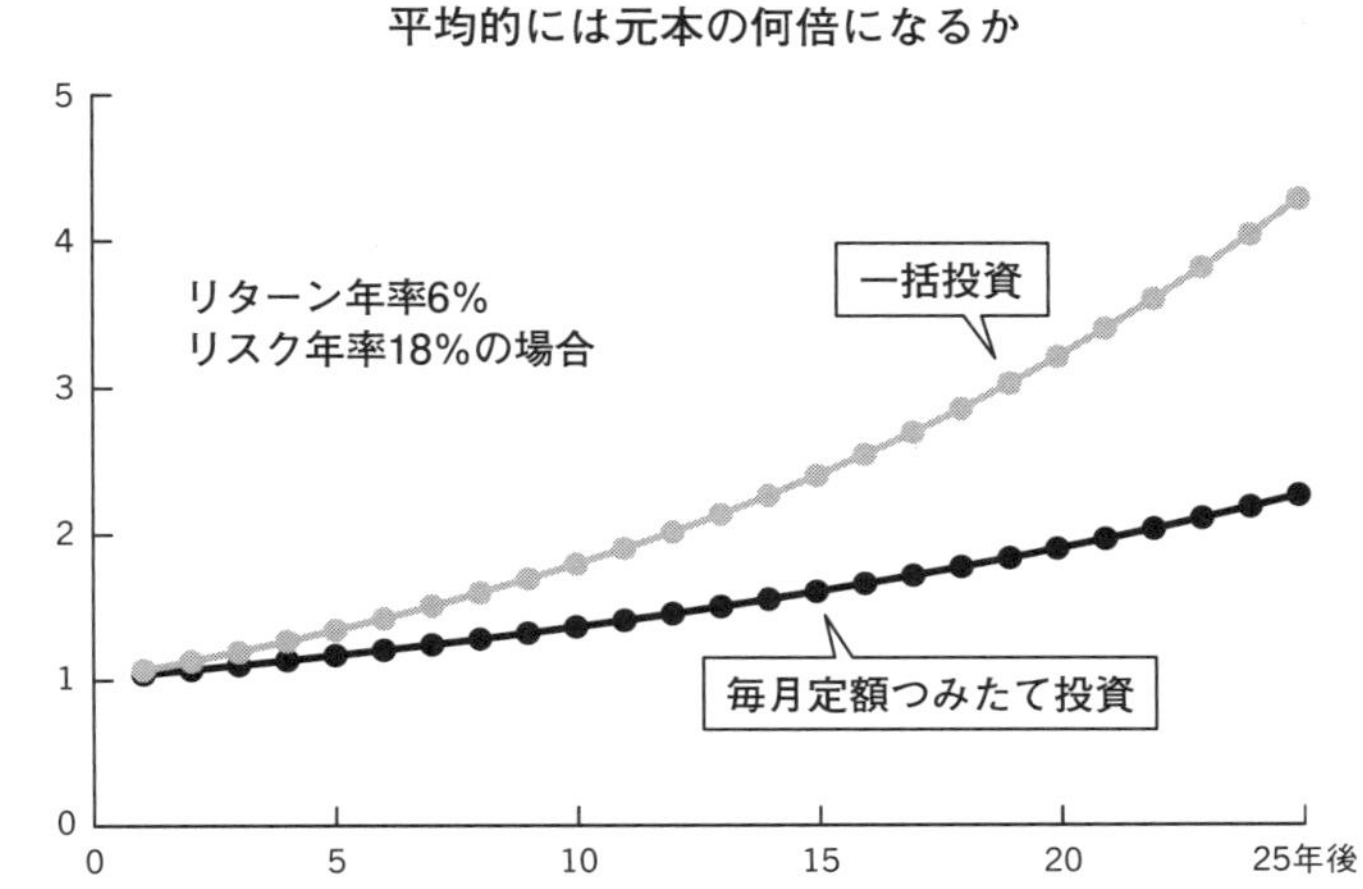

Q-32

一括投資とつみたて投資、元本割れリスクのメカニズムは？

Ans.

一括投資は投資資金の全額が長期投資になりやすいので元本割れしにくい。「つみたて投資のほうが安全」とされるのは、元本割れしたときの損失額が「一括投資」よりも小さい（キズが浅い）から。

つみたて投資は元本割れ確率が下がりにくい

なぜ一括投資の元本割れ確率が先に低下するのでしょうか。

「Q－3」で説明したように、一括投資の場合は「長期投資ほど分がよくなる」のに従って元本割れ確率が下がります。その結果20年後の元本割れ確率は0・3％となります。

つみたて投資についても投資スタートから20年後を考えてみましょう。

つみたて投資スタート時の購入分は一括投資とまったく同じで、20年後の元本割れ確率は0・3％に低下します。

ところが、**つみたて投資スタートから15年後に購入した分は20年後でも5年しか経過していない**ので、元本割れ確率は20％です。同様に19年後に購入した分は1年しか経過していないので元本割れ確率が37％もあります（図3－7）。

このように**投資タイミングが遅いほど購入後の経過時間が短くなり、元本割れ確率が高いため、ポートフォリオ全体の元本割れ確率も一括投資ほど下がらない**のです。

図 3-7 一括投資とつみたて投資の元本割れ確率のイメージ

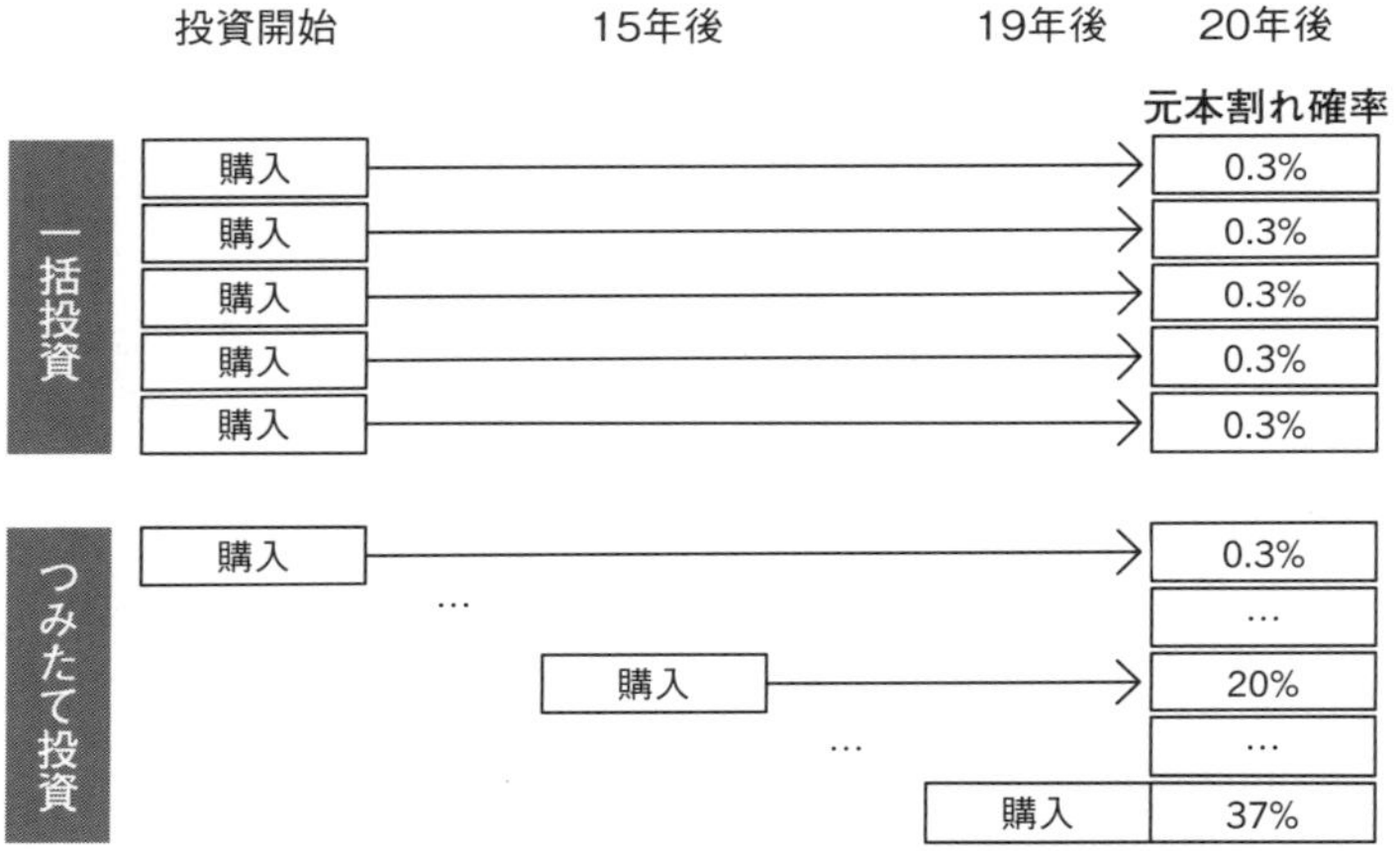

（注）リターン年率6%、リスク年率18%の場合

元本割れ確率5%、平均的には資産が1・9倍に増える

つみたて投資の元本割れ確率が一括投資ほど下がらない理由は前述の通りですが、20年後の元本割れ確率は約5％まで下がります。

これは、つみたて投資を始めるタイミングは人によってさまざまで、「100人のうち5人くらいはタイミング悪く20年後に元本割れしうる」という意味です。**あくまで確率的な話**で、「必ず5人は元本割れする」という意味ではありません。5人より多くの人が元本割れする可能性もあれば、全員が儲かっている可

図 3-8 元本割れ確率、平均的な資産増加倍率

	元本割れ確率		元本の何倍に増えるか	
	一括投資	つみたて投資	一括投資	つみたて投資
1年後	37%	40%	1.1	1.0
5年後	20%	27%	1.3	1.2
10年後	8%	17%	1.8	1.4
15年後	2%	10%	2.4	1.6
20年後	0.3%	5%	3.2	1.9
25年後	0.01%	2%	4.3	2.3

(注) リターン年率6%、リスク年率18%の場合

能性も十分にあります。

これを「たった5%」とみるか、「5%もある」とみるかは人それぞれですが、「自分は100人のうち運の悪い5人に入ってしまいそうだ」と思う人はつみたて投資をしないほうがいいでしょうし、「さすがに自分は95人に入るだろう」と思えるなら、つみたて投資を実践するに値します。

しかも図3―8の通り、平均的には20年後に元本の約1・9倍に増えます（年率リターン6%の場合）。**5%程度の元本割れリスクと1・9倍に増える可能性**とを天秤にかければ、個人的には「投資をしない手はない」と思います。

Q-33

全世界株式とS&P500、どちらが優位？

Ans.

ここ40年ほどではS&P500が優位。特にリーマンショック後では顕著。

図 3-9　S&P500と全世界株式の推移

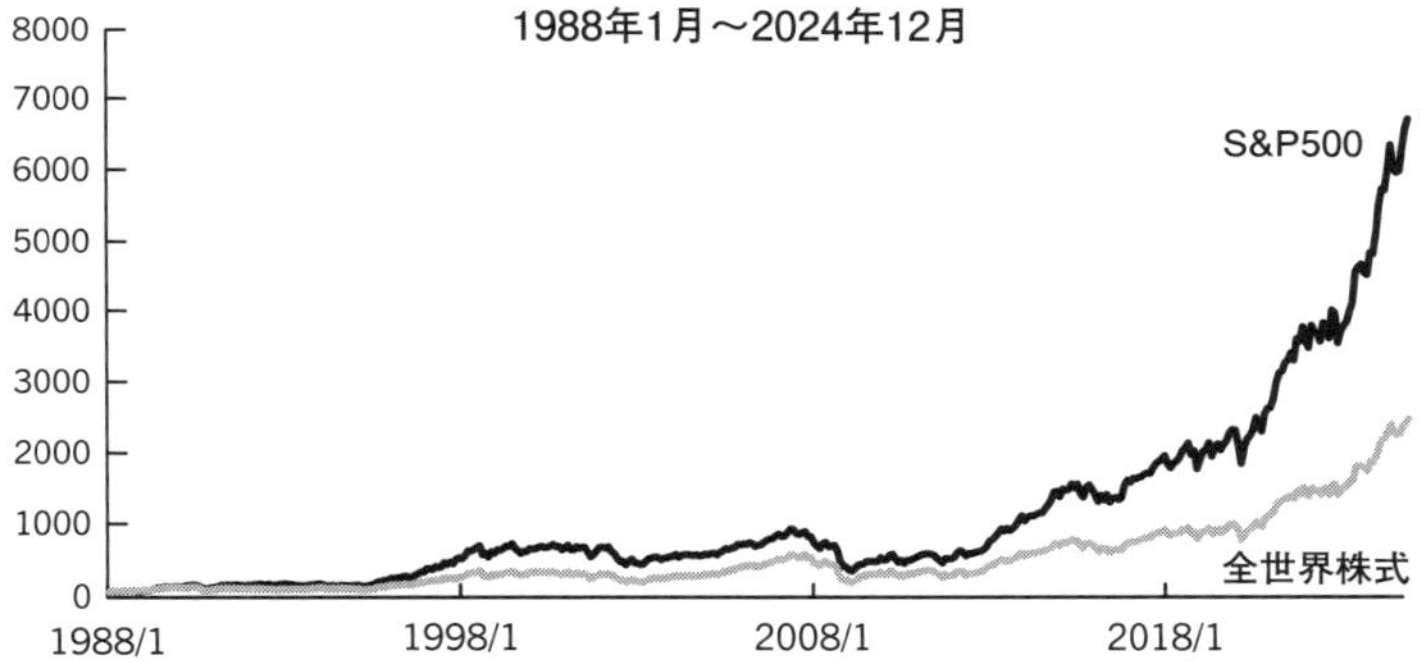

（注）1987年末を100として指数化。為替ヘッジなし円ベース、配当込み
（資料）Morningstar Directのデータより作成

全世界株式型かS&P500連動か〝論争〟

新NISAがスタートする前の2023年、ネット上などでは「全世界株式と米S&P500のどちらを買うべきか」で意見が割れました。

まずはデータを確認しましょう。図3－9は両者のデータが揃う1988年以降の37年間の推移です（配当込み、為替ヘッジなし円ベース、1987年末を100として指数化）。

両者とも長期的には上昇しましたが、特に後半に大きく上昇したようにみえます。そこで検証期間を前半18年間（1988～2005年）と後半19年間（2006～2024年）に分け

図 3-10　S&P500と全世界株式のリスク・リターン

リターン（年率）

	S&P500	全世界株式
全期間	12.1%	9.1%
1988〜2005年	11.1%	7.4%
2006〜2024年	12.3%	9.7%

リスク（年率）

	S&P500	全世界株式
全期間	18.2%	17.2%
1988〜2005年	17.8%	15.6%
2006〜2024年	18.5%	18.7%

て、リスクとリターンを比較したのが図３－10です。

リスクは前半（１９８８〜２００５年）の全世界株式が15％台とやや低かったのを除いて、概ね17〜18％程度で同じような水準です。一方、リターンは前半・後半ともＳ＆Ｐ５００が高い結果でした（当然、全期間もＳ＆Ｐ５００が高い）。

２００１年にＢＲＩＣｓという言葉が生まれたことが象徴しているように新興国の経済成長が著しかったのは２０００年代で、それ以前はアメリカが世界経済の牽引役でした。近年はインド株などの躍進もみられる一方、**米ハイテク株の上昇も著しく、総じてＳ＆Ｐ５００が優位な状況が続いた**ということでしょう。

Q-34

全世界株式とS&P500、今後の見通しは？

Ans.

当面のリターンはS&P500が優位か。どちらに投資するかは「当面は米国株が最強」と考えるか、「ある程度の分散は必要」と考えるかによる。「つみたて投資 or 一括投資」と同様、「どんなリスクを取りたいか or 避けたいか」しだい。

今後もS&P500が優位な想定

今後はどうでしょうか。日米欧を中心とする西側経済圏と中国・ロシアを中心とする東側経済圏の分断が懸念される中、トランプ米大統領が中国をはじめ新興国とどう向き合うか、高い経済成長が確実視されるインドの出方が不透明なことなど、国際情勢の先行きは予断を許しません。

とはいえ、世界中から優秀な人材が集まるアメリカのハイテク産業がそう簡単に弱体化するとは考えにくく、高いイノベーション力を背景に今後も新たな成長企業・成長産業が登場すると考えるのが自然でしょう。

政治的な対立はエスカレートするかもしれませんが、経済や株価の力強さという意味では、**少なくともリターンはS&P500が全世界株式を少し上回ると想定**しています。私と同じように考える人はS&P500を選択することになります。

一方、アメリカといえどもいつ何が起きるかわからないし、S&P500のリターンが長期的に全世界株式を上回る保証もないので、ある程度の分散が必要だと考えるなら、全世界株式を買えばいいでしょう。要は「つみたて投資か一括投資か」と同じで、**「どちら**

図 3-11　全世界株式の国別構成比

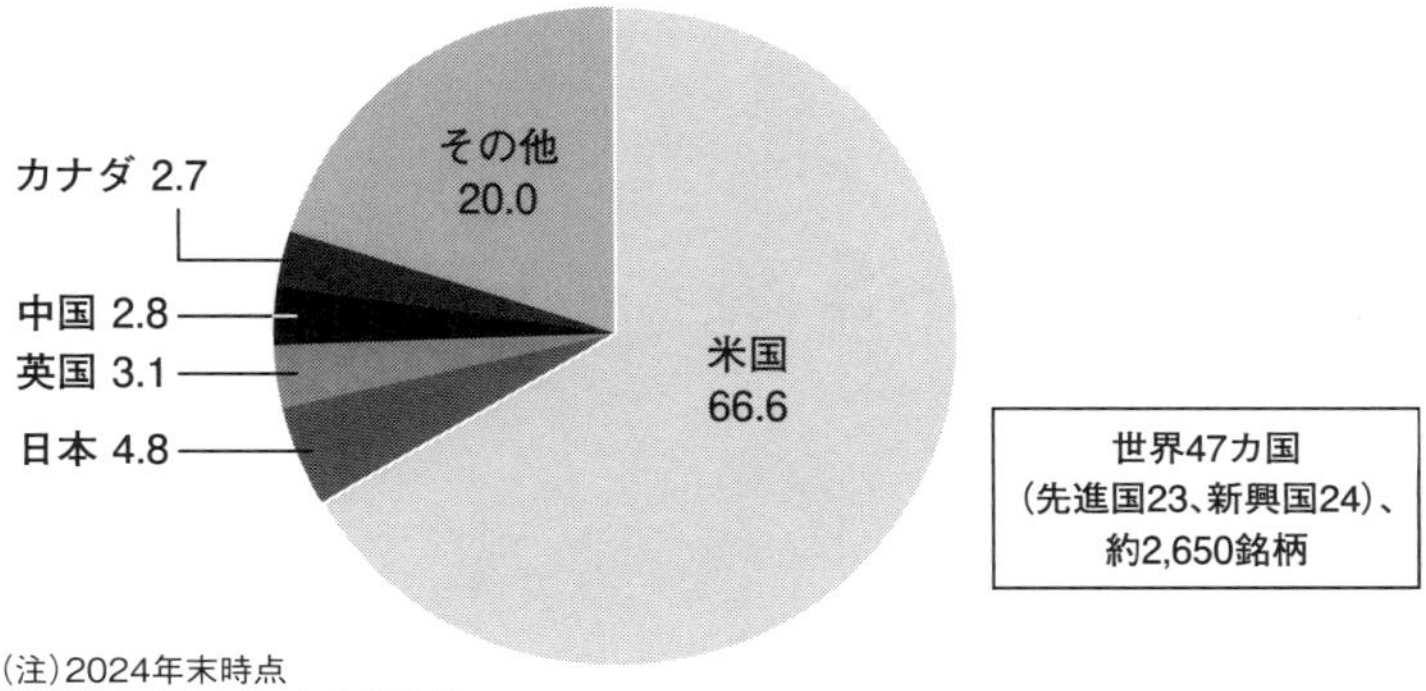

（注）2024年末時点
（資料）MSCIのデータより作成

のリスクを取りたいか or 避けたいか」に尽きるのです。

全世界株式を買えば投資資金の約６割が米国株で、残りは世界中に分散投資できますが（図３－11）、結果的にＳ＆Ｐ５００のリターンが全世界株式を上回った場合の機会損失リスクを取ることになります。対して、米国〝一極集中リスク〟を承知でＳ＆Ｐ５００を買うのもいいでしょう。いずれにしても資産運用において**将来の多くは不確実**です。国際情勢や各国企業の状況が変われば、株価指数の優位性も逆転しうるものです。短期的な値動きに目を奪われることなく、**時代の大きな流れにアンテナを張り、状況変化に応じて投資先を決める**ことが何より肝要です。

Q-35

日本株はやめておくべき?

Ans.

バブル崩壊後の日本株は投資先として不適切だった。
バブルの清算が済んだので、今後は投資に値する。

バブルの清算を終えた日本株市場

日経平均は2024年に史上最高値を更新し、一時4万円を超えました。それでも「日本株なんて買ってもムダだよ」といわれることがあります。バブル崩壊を経験した世代の方々に多いのですが、確かに、**以前の日本株は投資対象として不適切**でした。

しかし、少なくとも10年以上前にそのような状況は終わり、**短期投資・長期投資どちらの対象としてもふさわしくなった**と考えています。

私がこのように考える最大の理由は「日本株市場がバブルの清算を終えた」からです。

図3-12は拙著『株式投資 長期上昇の波に乗れ！』（日本経済新聞出版、2018年）で詳しく説明している**「身の丈グラフ」**です。

折れ線が日経平均株価、帯状のシャドウ部分は予想PER14〜16倍に相当する日経平均の水準で、適正レンジとされています（もう少し高い水準を適正とする人もいます）。

1989年末のバブルのピーク時、日経平均は約4万円だったのに対して、適正水準は約1万円しかありませんでした。つまり、**〝身の丈〟の4倍にも株価が水ぶくれしていた**

図 3-12　日経平均の「身の丈グラフ」

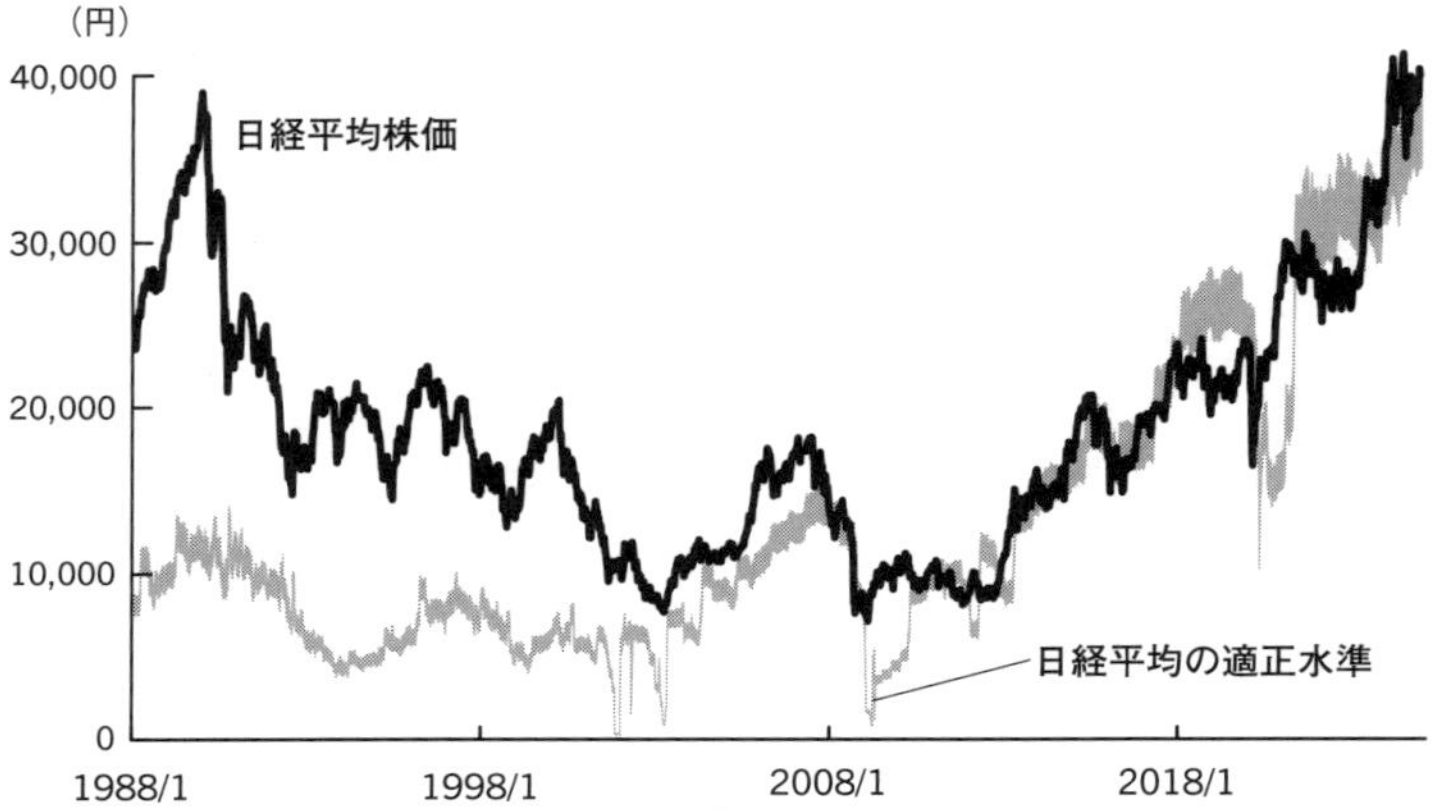

（注）適正水準は予想PER14～16倍
（資料）Refinitivのデータより作成

のです。まさにバブルでした。

その後、平成の二十数年間、株価下落局面が長く続きました。この間はバブルの清算を強いられていたのです。この時代に投資していた人が「日本株なんて買ってもムダ」と考えるのも無理はありません。株価が本格的に上昇するはずがなかったのですから。

しかしリーマンショック後の**2012年頃、株価の水準が身の丈に合いました**。バブルの清算を終え、**日本株市場が〝普通の市場〟に戻った瞬間**です。

ちょうど同じ時期、日本の企業体質もバブルの清算を概ね終えました。バブル当時、日本企業は「3つの過剰」を抱えているといわれました。設備の過剰、債務の過剰、人員の過剰です。

バブル崩壊後の二十数年間という長い年月をかけて、日本企業は設備・債務・人員の適正化を進めたのです（その過程では財務構造の過度な保守化、研究開発投資の不足、非正規雇用の増加など、負の側面を多く生んだことも事実です）。

Q-36

日本株への投資、今後の見通しは？

Ans.

長期的には年率平均6~8%くらいのリターンが見込める。
それでも米国株に少し見劣りする可能性がある。

日経平均はバブル時の価格に戻っただけ？

前項で、２０１２年頃にバブルの清算を終え、日本株市場が〝普通の市場〟に戻ったこと、同時に日本の企業体質もバブルの清算を概ね終えたことをご説明しました。

その後、日銀の大規模金融緩和による円安などアベノミクス効果もあって、企業収益が改善（図３－12のシャドウ部分＝日経平均の〝身の丈〟が上昇）、これと歩調を合わせるように日経平均も上昇しました。

バブル崩壊後は一時的に企業収益（身の丈）が上昇しても株価が下落する局面も少なくありませんでした。これはバブルの清算が済んでいなかったことが原因です。日本企業の〝稼ぐチカラ〟と比べて株価がまだ割高だったため、業績改善したにもかかわらず株価が下落したわけです。

ところが**２０１２年以降は企業収益と株価がほぼ連動**しています。株価の根幹ともいえる日本企業の業績が改善すれば株価も上昇し、業績が悪化すると株価も下落するという、ごく当たり前のことが繰り返されています。これこそが、**日本株市場がバブルの清算を終えたと私が考える最大の根拠**です。

2024年末の日経平均は3万9894円で、年末終値ベースでは実に35年ぶりに最高値を更新しました。バブル再来と心配する人もいるかもしれませんが、予想PERは16・1倍でほぼ身の丈に合っています。

つまり、株価の水準だけをみればバブル時の最高値（1989年末）の3万8915円とほぼ同じ水準ですが、中身がまったく違います。今回は**実力に見合った4万円**ということです。

バブル高値より実質6割以上高い日経平均

実力通りの4万円といっても株価水準はほぼ同じなので、「バブル時に買っていたらまったく儲かっていない」と思われるかもしれませんが、そんなことはありません。「Q−8」でも触れましたが、投信を保有していると分配金（個別株なら配当金）を受け取ることができます。

通常の日経平均は配当金を除外して（配当金はゼロとして）計算されています。配当金を考慮して算出しているのが「配当込み日経平均（日経平均トータルリターン・インデックス）」で、インデックスファンドなど**投信の投資成果に近いのはこの「配当込み」**です

図 3-13　バブル時より約65%高い「配当込み日経平均」

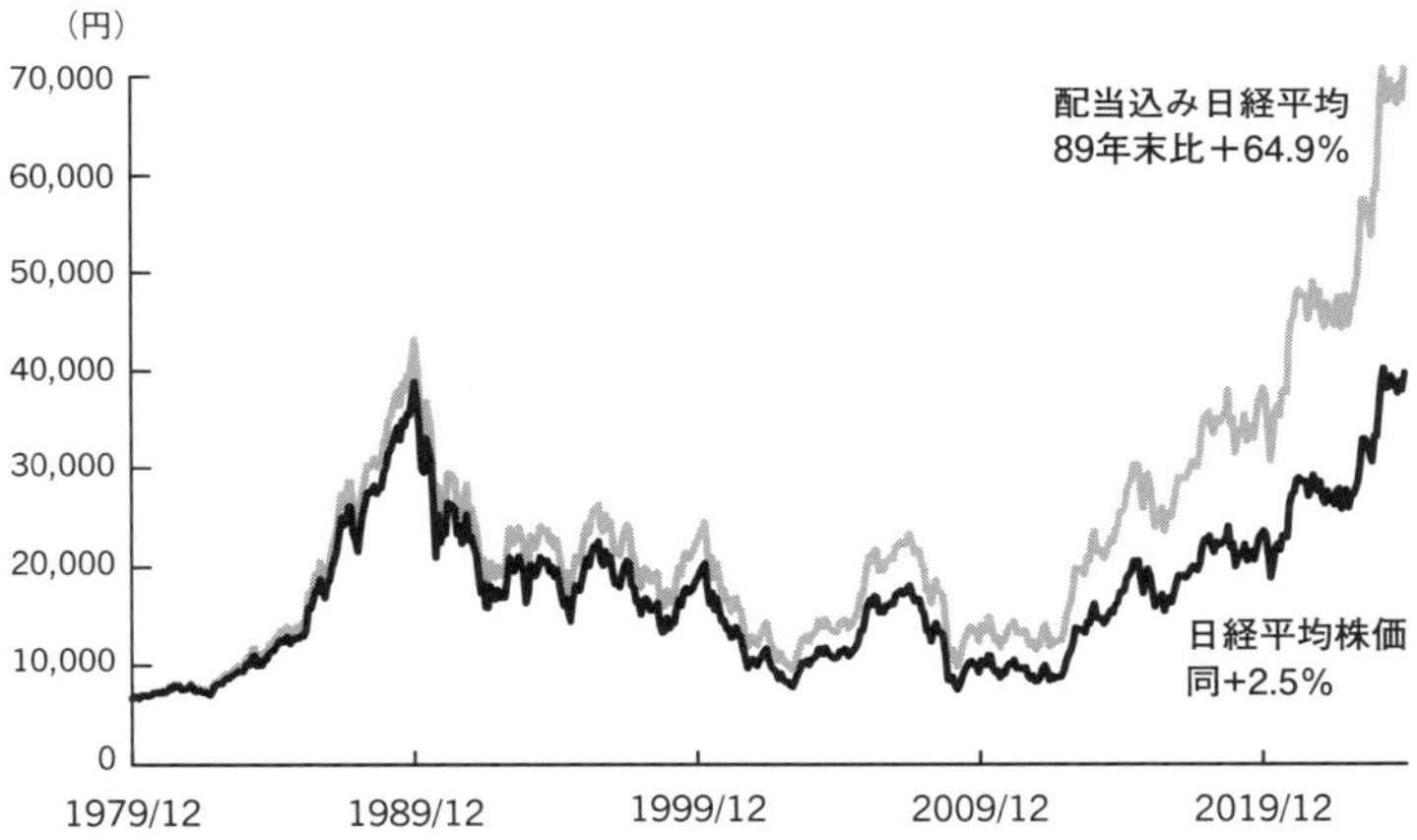

（資料）日本経済新聞社のデータより作成

（手数料や税金などの影響で完全一致はしません）。

図３－13は「配当込み日経平均」と通常の日経平均株価の推移です。

２０２４年末の日経平均は１９８９年末のバブル高値と比べて２・５％しか上昇していませんが、**配当込み日経平均は64・9％上昇**しました。１９８９年末に買ったとしても資産が約１・６倍に増えたわけですが、株価はほぼ横ばいだったので、**ほとんどが配当金とその再投資による増加**です。

１・６倍に増えたといっても年率換算すると１・４％上昇と物足りないですが、これは前述のようにバブルの清算による株価下落局面が長かったことが影響しています。実際、**２０００年以降だと年率４・７％上昇、２０１２年以降では年率14・9％上昇**となっています。

今後も２０１２年以降のように年率10％を超える投資成果を得られるかは不確実ですし、正直Ｓ＆Ｐ５００など米国株と比べたらリターンは少し低いと思いますが、日本株も投資対象として十分魅力があると思います。**長期的には年率平均で６〜８％**くらいを見込んでよいと思います。

Q-37

利益確定売り・損失回避の売りは必要？

Ans.

個人の長期投資なら利益確定売りは必要ない。損切りも必要ない。株価も為替も短期的には大きく動くもので、いちいちつき合っていたら切りがない。仕事、家事、育児などの〝本業〟が疎かになっては本末転倒。

長期では上昇も、短期的には乱高下を繰り返した

投資の世界に**「急落を避けろ！」「大相場を逃すな！」**という言葉があります。大相場とは株価などが短期間で急上昇する局面のことです。

S&P500などの株価指数は長期では上昇しましたが、短期的に株価が急落する場面は何度もありました。ITバブル崩壊（2000年）、リーマンショック（2008年）、チャイナショック（2015年）、コロナショック（2020年）が代表例でしょう。

半面、アベノミクス初期や2024年1月〜2月のように短期間で大きく上昇したことも数え切れないほどありました。

こうした**乱高下は株価や為替につきもの**で、ある程度上昇すると「今のうちに利益確定売りしたほうがいいだろうか」とか、急落場面では「損失が膨らむ前に売ったほうがいいだろうか」などと考えたくなるかもしれません。

気持ちはとてもよくわかるのですが、投資のプロでない**個人の長期投資においては、短期的な株価や為替の変動による利益確定売りも損切りも必要ありません。**結果が裏目に出て大きく後悔することになりかねないからです（もちろんご自身の相場観で売買を繰り返

図 3-14　月間10%以上上昇／下落した回数

	TOPIX	全世界株式	S&P500
10%以上上昇	19	11	20
10%以上下落	13	10	12

(注)1988～2024年
(資料)Morningstar Directのデータより作成

すのは自由ですが)。

過去の急落・大相場を整理します。分析対象はTOPIX、全世界株式(MSCI－ACWI)、S&P500で、3つのデータが揃っている1988年1月～2024年12月の月次データです。

分析対象444カ月(37年間)のうち、1カ月間に10%以上上昇または下落した月数を数えると、**10%以上上昇した月は11～20回、10%以上下落した月は10～13回**でした(図3－14)。

ちなみに現在の日経平均株価を4万円として、これが10%上昇すると4万4000円です。2024年7月につけた史上最高値4万2224円(終値ベース)を2000円ほど上回ります。1カ月間で10%の上昇がどのくらい大きいかイメージが湧くでしょう。

一方、リーマンショックが起きた2008年9月の日経平均の下落率は13・2％でした。月間10％の下落がいかに大きいかを端的に表していると思います。

ちなみに**日経平均が1日で史上最大の下落幅（4451円下落）を記録した2024年8月5日の下落率が12・4％**です。メディアでも大きく取り上げられたので記憶に新しい方も多いでしょう。

このような**急上昇や急落は今後も起きる**はずで、プロでない投資家がいちいちつき合っていたら切りがありません。もし株価が気になって仕事、家事、育児などの〝本業〟が疎かになるようなことがあれば、それは本末転倒です。

Q-38

過去の急落・急上昇はどのくらい？

Ans.

過去最大の下落は月間20%超、急上昇は10%超。

急落は避けたいが、急上昇（大相場）も取り逃がしたくない。

過去の急落・急上昇

今後も長期的な上昇は期待できても、短期的には乱高下を繰り返すのが株価指数の特性、宿命です。長期の投資家といえども「急落を避けたい」のと同時に、「大相場を取り逃がしたくない」と考えるかもしれません。

では、過去の急落や大相場の騰落率はどのくらいだったのでしょうか。1988年1月～2024年12月の444カ月のうち、各指数の下落率が大きかった5カ月（ワースト5）と上昇率が大きかった5カ月（ベスト5）が図3-15です。

下落率がもっとも大きかったのは3指数共通で、**リーマンショック**で株価が急落した2008年10月でした。**いずれも下落率が20%**を超え、ヘッジファンドなど投資のプロから初心者まで多くの投資家が株式を〝投げ売り〟した様子がうかがえます。**2位から5位までの下落率もすべて10%超**でした。やはり急落を避けたいと誰もが思うでしょう。

上昇率がもっとも大きかった時期は指数で異なりますが、**上昇率は12～18%程度で、5位までもすべて11%超**の上昇でした。月間11%超は前項の日経平均の例よりも高い上昇率で、こうした大相場は取り逃がしたくないですね。どうすればよいかは次項で解説します。

図 3-15 騰落率ワースト5とベスト5

下落率ワースト5

順位	TOPIX		全世界株式		S&P500	
	年/月	騰落率	年/月	騰落率	年/月	騰落率
1	2008/10	−20.3	2008/10	−25.7	2008/10	−22.9
2	1990/9	−20.2	1998/8	−15.9	1998/8	−16.3
3	1993/11	−15.7	2008/9	−14.4	2020/3	−12.3
4	1990/3	−12.9	1990/9	−13.9	2018/12	−12.1
5	2008/9	−12.6	2020/3	−13.4	2010/5	−10.9

上昇率ベスト5

順位	TOPIX		全世界株式		S&P500	
	年/月	騰落率	年/月	騰落率	年/月	騰落率
1	1990/10	18.2	2020/11	12.1	2016/11	12.4
2	1991/2	14.6	2011/10	12.0	2011/10	12.2
3	1999/3	13.7	2010/3	12.0	1989/1	12.1
4	1992/8	13.7	1998/11	11.9	1998/11	11.9
5	1994/1	13.2	2012/2	11.5	2020/4	11.8

(注)1988〜2024年
(資料)Morningstar Directのデータより作成

Q-39

急落回避と急上昇ゲット、両方できたらどのくらい儲かる？

Ans.

タイミングよく急落を避けたら、現金化せず保有し続けた場合と比べて、資産は2倍に。逆に大相場を逃すと資産は半分に。

急落を避けろ！　大相場を逃すな！

うまいこと急落を避けることができた場合や、逆に大相場を取り逃がした場合に投資成果にどのくらい違いが出たか試算してみましょう。

具体的には１９８７年末に各々の指数に１００万円投資し、騰落率ワースト５やベスト５の１カ月間は現金化（直前に投資資産をすべて売却し、当月末に再び全額投資）していた場合と、途中で現金化せず保有し続けた場合とを比較します（税金や手数料は考慮しません）。

結果は図３－16の通りで、ＴＯＰＩＸのケースでは、①急落を避けた場合の２０２４年末時点の資産額を１００とすると、②途中で現金化せず保有し続けた場合は41、③大相場を逃した場合は21にとどまりました。

つまり、途中で売買せず保有し続けた場合と比べて、**４４４カ月のうちたった5回の急落をタイミングよく回避できたら、資産額は2倍以上**になったわけです。

全世界株式やＳ＆Ｐ５００のケースもほぼ同様（40と44）で、やはり急落を避けることが重要だったことになります。

図 3-16　急落を回避できたら資産額は保有し続けた場合の2倍以上

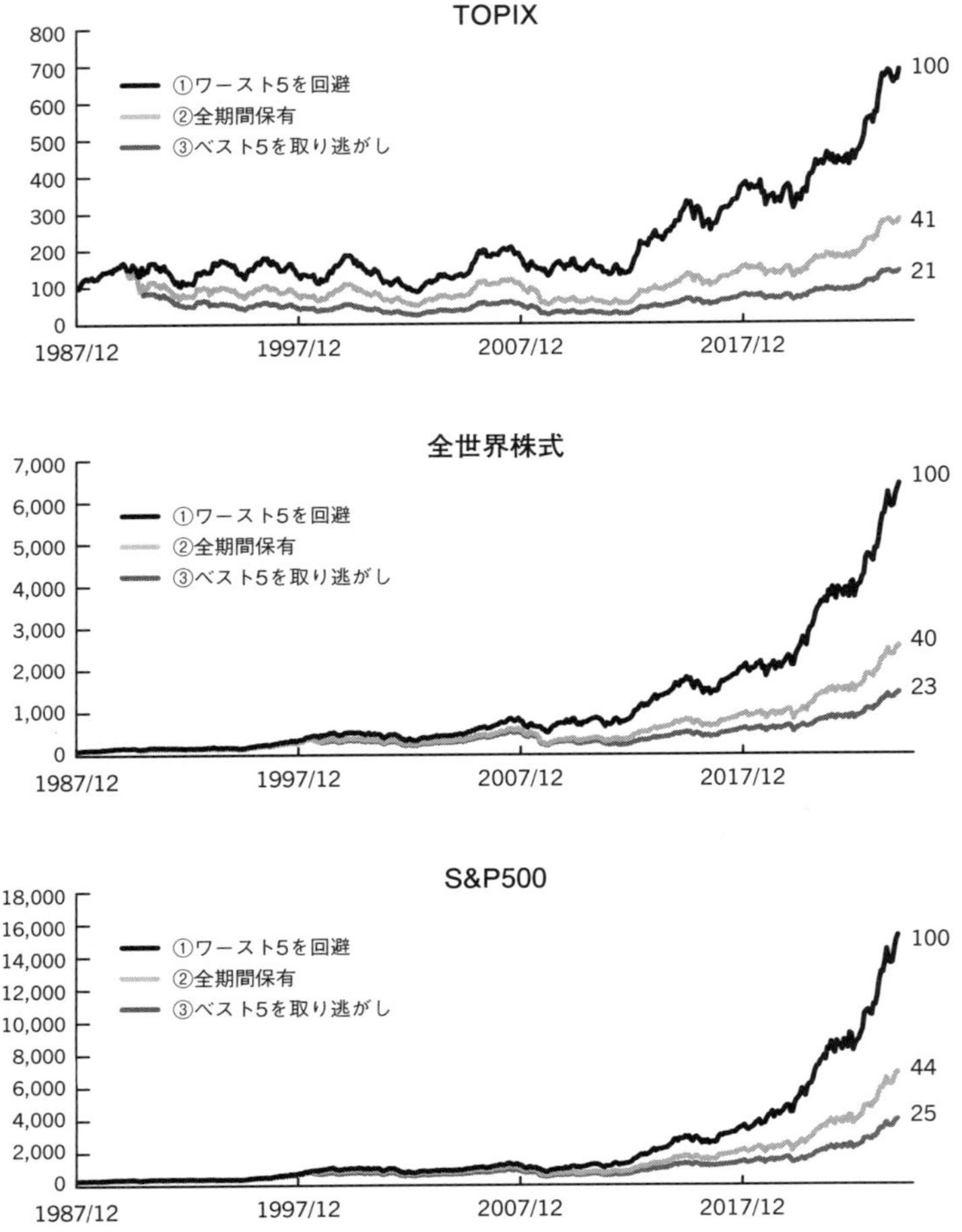

(資料)Morningstar Directのデータより作成

一方、444カ月のうちベスト5の大相場を取り逃がすと、保有し続けた場合の半分程度（21～25）になってしまいました。急落を避けることも大事ですが、大相場を取り逃がさないことも同じように重要なことがわかります。

なおグラフには載せていませんが、「急落を回避しつつ大相場も取り逃がした場合（ワースト5とベスト5の両方ともで、直前に現金化した場合）」の資産額は、TOPIX＝51、全世界株式＝57、S&P500＝57となりました。いずれも「保有し続けた場合」より資産額が多いことから、**大相場を取り逃がさないことよりも急落を回避するほうが効果的**といえます。しかし、**ここで大きな問題があります。**

Q-40

急落・急上昇へのもっとも現実的な対応策は？

Ans.

売買を繰り返して100点満点の投資を目指すのは自由だが、裏目に出ると大きな痛手になりかねない。

いっそ「50点でいい」くらいの意識を持つと、大失敗リスクが小さく精神衛生上もよい。

100点を目指すと20点に終わる可能性も

ここまでの内容は過去のデータから検証した「事実」です。

今後も株価指数は短期的な急落や急上昇を繰り返すでしょうから、投資を続ける中で37年間に5回あるかどうかの急落を避けて急上昇を取り逃がさなければ、投資成果は格段に上がるはずです。

ですが、**株価急落や急上昇を正確に予見できるでしょうか。**常に市場をモニターしているプロの投資家でも難しいのですから、仕事・育児・家事・介護等に忙しい普通の人がピンポイントで急落を回避するのは至難の業です。

実際、TOPIXの月間騰落率と前月の個人投資家の売買動向をみると、株価が急落する直前に個人が大きく売り越した様子はありません。大幅上昇の直前に大きく買い越したわけでもありません。

なかにはタイミングよく急落を回避したり、大相場に乗ったりした投資家もいると思いますが、**平均的には急落や急上昇に合わせてうまく売買できたという事実はありません。**

図 3-17　株価急落前に売り抜けた様子はない

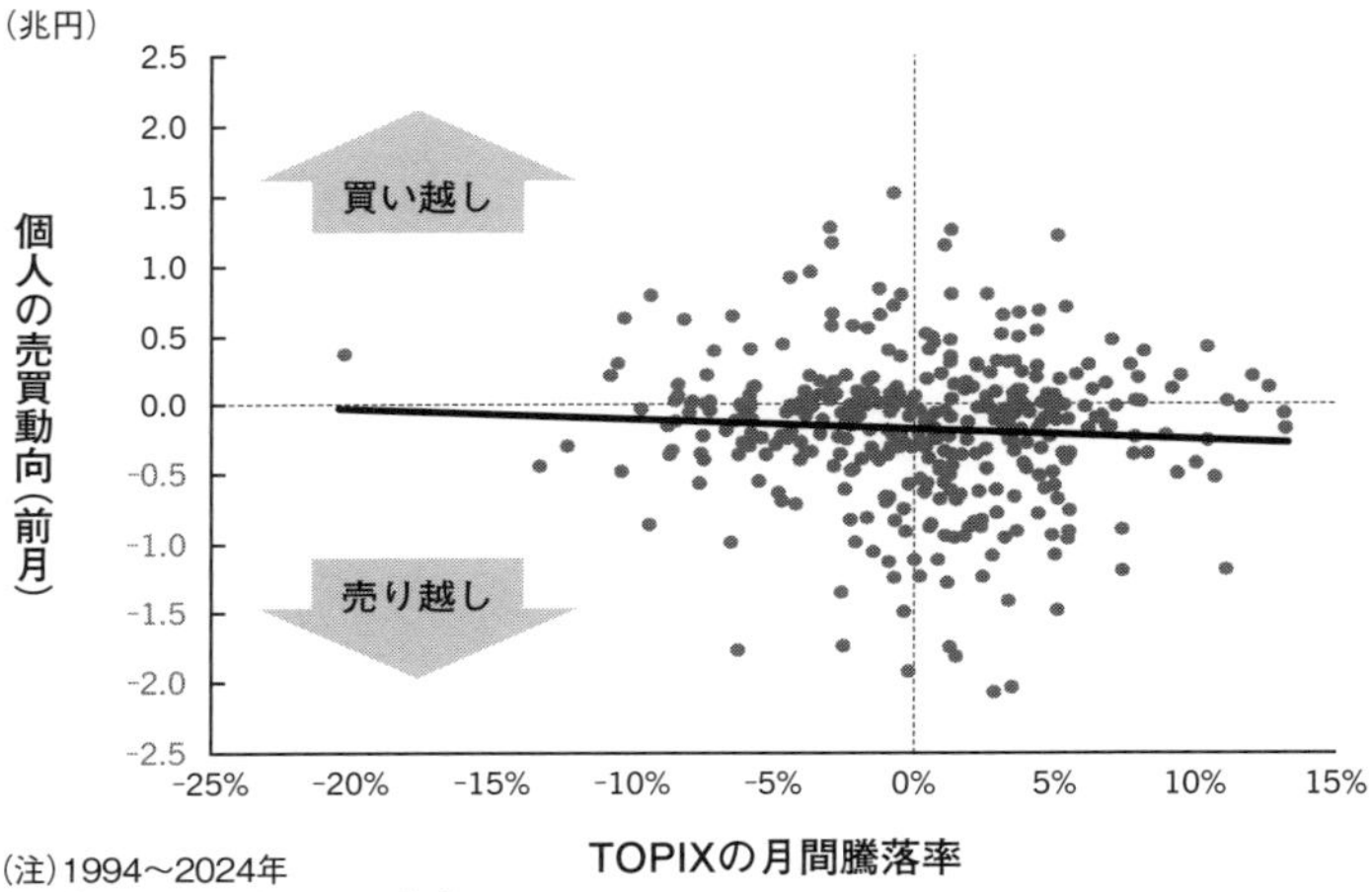

（注）1994〜2024年
（資料）QUICKのデータより作成

悩ましいのは、**株価下落を予想して現金化した直後に株価が急上昇**するケースです。いったん現金化した資金を株価が急上昇した後に再び投資するのは相当な勇気が必要です。「下がったら買おう」と思っても、結局は急上昇前の水準まで下がらず、収益機会を逃すこともあります。**まさに２０２４年がこのパターン**でした。

こうした失敗を繰り返した場合の資産額は、図３-16の「③ベスト５を取り逃がし」のように「②全期間保有」の半分程度になってしまいかねません。これでは老後のための資産形成計画すら狂ってしまうかもしれません。

そもそも「株式に長期投資をする」ということは「長期的には株価上昇が期待できる」と考えていることにほかなりません。急落すると怖くなるのは仕方ないことですが、そんなときこそ近視眼的にならず**「自分のゴールは何年後なのか」**を冷静に考えましょう。

そして、「ゴール時点の株価は今より高いはず」と考えられるなら、今後もまたいつか来る株価急落を覚悟のうえで保有し続け、結果的に大相場も逃さない投資スタイルが現実的でしょう。こうした投資法を**「Buy & Forget（買ったら忘れる）」**といいます。

その結果100点満点は狙えなくても、50点くらいを取れれば預貯金よりも高い利回りを確保でき、おそらくインフレにも負けないはずです。**精神衛生上もいい**はずです。

もちろん「自分は急落する前に現金化できるし、大相場が来る前に売らない自信がある」という人は、自己責任で100点満点を目指しても構いません。投資は個々人の考え方しだいなのですから。

Q-41

投資先はいつ見直すべき？

Ans.

1年に1回は投資資産の〝健康診断〟を。

ポイントは世の中の大きな流れ（底流・潮流）の変化に合わせるなど、リスク管理の観点からチェックすること。

そのうえで必要なら投資先の拡大や変更を実施、不要なら静観。

1年に1回は投資資産全体（ポートフォリオ）の健康診断を

前項までで説明したように株価や為替の短期的な変動につき合う必要はないのですが（Buy & Forget）、1年に1回くらいは投資資産全体をチェックしましょう。主な目的は次のようなチェックポイントで投資資産のリスクを管理することです。

①現在の投資先や資産配分は、世界情勢の変化に合っているか

②（毎月の）つみたて投資額が不足または過剰ではないか

③新たな金融商品が出ていないか

変化の激しい時代、世界情勢は時々刻々と変化しています。常にベストな投資先を選ぼうとするのは大変ですし難しいですが、「大外れ」は避けたいものです。**近年の例だと中国株**が該当します。かつての中国経済は金ピカ時代でしたが、コロナ禍後は不動産バブルの崩壊も重なり、かなり厳しい状態が続いています。今、中国株に積極的に投資しようと考える人は少ないでしょう。

確かに中国は独特な国ですが、アメリカや日本が未来永劫、投資先としてふさわしい保証はどこにもありません。もちろんインドやベトナムも同様です。逆に、現在は投資対象として考えにくい国や地域が将来的に適切な投資対象になる可能性も十分にあります。

日々の値動きはともかく、世界情勢の大きな変化、底流・潮流のようなものには常にアンテナを張っておき、必要に応じて投資先を広げたり変更したりするための確認は定期的に行いましょう。

投資額が適切かチェックしよう

特につみたて投資の場合、**将来の目標額から逆算して現在の投資額が妥当かどうか**のチェックは大事です。これまで投資した分が概ね計画通りに増えているか、今のペースでつみたて投資を続ければ目標時点で目標額に到達できそうか、1年に1回はチェックしてほしいと思います。

もし老後を迎えたときに「足りない！　もっと投資しておけばよかった！」なんてことになってしまっても、**過去に遡って投資することはできません。**

逆に、日々の生活費を少し節約してつみたて投資をしている場合、老後資金に悪影響がなさそうなら、今後の投資額を少し減らすことを検討してもよいと思います。

老後資金の原資は年金や退職金など複数あります。これらの額はあらかじめ決まっているわけではなく、賃上げ、出世、転職などによって変化します。**年金などの制度も少しずつ変わっているので、身のまわりの状況変化を投資に反映**する意味もあります。

金融商品も進化する

投資のツールである金融商品も日進月歩で進化しています。**似たような商品内容で手数料が安い投信が登場していないか**チェックするだけでもよいでしょう。

その場合、すでに保有している投信を新しい投信に乗り換えるかどうかは、売買にかかる手数料との比較が必要なのでやや複雑です。よりシンプルな方法は、**今後買う分から新しい投信にすること。トータルコストを下げる**ことができます。

年間の手数料率（信託報酬率）の差はわずかでも、10年間の**累積手数料の差**は10倍、30年間なら30倍になるからです。当然ですが、投信の保有額が大きいほど手数料の差も大きくなります。

売買が絶対ではない

健康診断のタイミングとしては、ご自身の誕生日や何かの記念日に設定するのでもいいですし、ボーナス時期でもいいと思います（年2回でもOK）。

注意してほしいのは、年1回や年2回のチェック時期が来たからといって**「必ずしも売買する必要はない」**ということです。定期的にポートフォリオの状況をチェックすることが目的であって、売買することが目的ではありません。

私たちが職場や学校で定期的に健康診断を受けるのと同じで、**「ほったらかしにしない」「必要があれば治療する」**ということです。そして、検討（診断）した結果、「必要と判断した場合のみ」売買すればいいのです。こうすればムダな売買コストを抑えることもできます。

Q-42

シニアにおすすめの金融商品は？

Ans.

「途中の値動きがマイルド、それなりの利回りで10年以内の投資期間」が希望なら、満期がある金融商品（国内外の債券）を検討しよう。

長期投資といわれても……10年くらいでなんとかならない？

講演会などで「新しいものはよくわからないのだけれど、シニア向きのいい金融商品はありませんか？」と聞かれることがあります。意図なさっているのは、「リスクがあまり大きくなくて、それなりの利回りの金融商品。できれば投資期間10年以内で」という感じです（第1章で紹介した「子孫に残すための長期投資」ではなく、ご自身のための投資です）。

株式投信（リターン年率6％、リスク年率18％）の場合、統計上は投資から10年後の元本割れ確率が約8％、平均的には元本の約1・8倍になるので決して悪くないのですが、**「途中の値動きがもう少しマイルドで、なおかつ10年後にほぼ確実に儲かるもの」**というイメージでしょう。

シニアは「満期がある金融商品」の検討を

となると、債券のように満期がある金融商品が基本になると思います。有名なものは日本国債ですが、国内金利が上昇したとはいえ10年国債の利回りが1％強ですから、これではインフレに負けてしまう可能性もあります。

もう少し利回りが高い債券としては、日本企業が発行する**社債**があります。たとえば２０２４年11月にソフトバンクグループが発行した社債は、満期までの期間７年で利回りは３・１５％でした（完売）。

日本経済新聞（２０２５年１月４日）によると、**２０２４年に発行された個人向け社債43件の平均利率は２・４１％**です。これならインフレに負けない程度の利回りを確保できるかもしれません。

ただ、社債にもリスクはあります。満期までの間に発行企業の経営状態が悪化するなどして元利金の支払いが遅れたり、そもそも支払えなくなったりする可能性もあります。これを**デフォルト**といいます。

どんなに大きくて有名な企業でも、デフォルトリスクが「ゼロ」ということはあり得ません。これを定量的に表しているのが**「社債格付け」**です。通常、社債ごとに格付けが付与されているので、投資する際は必ずチェックしてください。

また、コロナ禍以降は日本企業の社債発行が増えているとはいえ、買いたいときにいつでも買える状況ではありません。新たに発行される社債は事前に公表されるので、興味がある人は**証券会社のホームページなどを定期的に確認**するとよいでしょう。

Q-43

米国債の円高リスクはどのくらい?

Ans.

米国金利は魅力的な水準だが、「円高が心配」なのは正しい理解。
ただ、10%程度の円高なら、実質的に資産を増やせる可能性は十分ある。
単なる感覚でなく、数字を確認して円高を正しく恐れよう!

米国債の円高リスクはどのくらい？

日本より金利が高い外国債券も投資先の選択肢ですが、**「円高リスクが心配」**と考える人が多いようです。購入時よりも為替が円高に動くと、円ベースの受取額が減ってしまうからです。

実際、円高／円安でどのくらい影響を受けるのでしょうか。利回り４％の米10年国債（ゼロクーポン債）を例に試算してみましょう。

ゼロクーポン債（ストリップス債とも呼ばれます）というのはクーポン（定期的に支払われる金利）がない代わりに、通常は**満期時の償還額よりも安く購入できる債券**です。償還額と購入額の差額が投資家の利益となります。この例だと年平均利回りが４％で10年間運用した額に相当する利益が見込まれる、ということです（税引き前）。

購入時と比べて償還時の為替レートが円高／円安に動いた場合の影響を図３－18にまとめました。実際の取引は米ドルで行われますが、ここでは円換算した数字を示しています（手数料は考慮していません）。

償還額１００万円相当の購入額は67・６万円で、この差額が年率４％に相当します（税

図 3-18　円高／円安による米国債利回りへの影響（試算）

円高の場合	購入時	変わらず	5%円高	10%円高	20%円高
円相場（円／ドル）	150	150	142.5	135.0	120.0
購入額（万円）	67.6	67.6	67.6	67.6	67.6
償還額（万円）	100	100	95.0	90.0	80.0
税引き後（万円）		93.5	89.5	85.5	77.5
利回り	4.0%	3.3%	2.9%	2.4%	1.4%

円安の場合	購入時	変わらず	5%円安	10%円安	20%円安
円相場（円／ドル）	150	150	158	165	180
購入額（万円）	67.6	67.6	67.6	67.6	67.6
償還額（万円）	100	100	105	110	120
税引き後（万円）		93.5	97.5	101.5	109.5
利回り	4.0%	3.3%	3.7%	4.2%	4.9%

（注）税率20％で計算（購入時の4.0％は税引き前）、手数料は考慮せず

引き前）。

購入時の為替レートが1ドル＝150円の場合、**償還時に為替が5％円高なら1ドル＝142.5円、償還額は5％目減りして95万円**、収益額（購入額との差額）に20％の税金が課されると**手取り89.5万円**です。この場合の**利回りは2.9％**程度です。償還時に10％円高だと1ドル＝135円、税引き後の利回りは約2.4％です。

今後の経済情勢や金融政策しだいですが、10年後に10％くらい円高に動いている可能性は否定できません。それでも**利回り2.9％や2.4％なら日本のインフレ率を上回り、実質的に資産を少し増や**

せる可能性は十分にあると思います。

外国債券投資は「円高が心配」というのはその通りなのですが、こうして**定量的に考えてみる**と、漠然とした不安に過ぎないのかもしれません。多少なりとも**「円高の怖さ」が和らぐ**のではないでしょうか。

逆に、円安になれば実質的な利回りが４％よりも高くなります。どのくらい利回りが高まるか、試算結果の表をご覧ください。

Q-44

米国債よりも有利な米ドル建て社債とは？

Ans.

一般に国債よりも社債のほうが利回りが高い。

日本企業が発行する米ドル建て社債なら、企業分析の手間が省ける。

償還金などを米ドルで受け取って再投資もできる。

日本企業が発行する米ドル建て社債も魅力

現在は多くの日本企業が米国など海外で活躍しているため、ドル資金を調達するために**米ドル建て社債**を発行しています。この社債に投資する手もあります。

米国債と同様に円高リスクはありますが、海外の企業のことはよくわからない、今から調べるのも骨が折れるという方でも、投資対象が日本企業の社債ならイメージをつかみやすいでしょうし、なんとなく安心感もあるかもしれません。

たとえば図3-19のように、日本企業が発行する米ドル建て社債の**利回りは米国債よりも高い**のが一般的です。米国債よりもデフォルトリスクが高いと考えられているためです。民間企業ですから、絶対にデフォルトしないとは言い切れませんが、少なくとも現時点でこれらの企業が近い将来に利払いが困難になったり、倒産したりする可能性は決して大きくないと考えるなら投資対象として検討に値すると思います。

想定以上の円高になってしまったら

米国債や米ドル建て社債が償還されたときや途中売却したときに、米ドルで受け取ることができる金融機関もあります。

もし想定以上の円高になってしまった場合は、**ひとまず米ドルで受け取っておいて、円安に戻ったタイミングで円に交換**することが可能です。

米ドルで受け取った資金は米ドル口座にあるわけですから、その米ドルで新たに米国債や米国株を購入することもできます。米国債などドル建て商品を再び買う場合は、**償還金などを米ドルで受け取り**ましょう。米ドルと日本円の交換には一定の手数料がかかることもあります。償還金などをいったん円で受け取って、また米ドルに戻すと手数料が往復で発生してしまいます。

また、投資以外の目的で米ドルを使うこともできます。たとえば海外旅行先で使うとか、海外のサイトでネットショッピングする際の代金として使えます。**子や孫の留学資金を準備**する手段として米国債などを活用するのも、素敵な投資ではないでしょうか。

図 3-19 日本企業発行の米ドル建て社債(一例)

通貨	商品	発行体	利率(税引前)	参考単価	利回り(税引前・複利)	償還日	残存
米ドル	利付債	三井住友銀行	5.05%	101.2	4.26%	2026/9/1	約1.7年
米ドル	利付債	三井住友信託銀行	5.20%	101.6	4.42%	2027/3/7	約2.2年
米ドル	利付債	三井住友銀行	4.67%	100.7	4.41%	2027/12/22	約3.0年
米ドル	利付債	NTTファイナンス	5.11%	101.9	4.63%	2029/7/2	約4.4年
米ドル	利付債	三菱商事	5.00%	101.6	4.59%	2029/7/2	約4.4年
米ドル	利付債	オリックス	2.25%	85.8	4.96%	2031/3/9	約6.2年
米ドル	利付債	NTTファイナンス	5.14%	102.4	4.68%	2031/7/2	約6.4年
米ドル	利付債	本田技研工業	2.97%	88.43	4.97%	2032/3/10	約7.0年
米ドル	利付債	オリックス	5.20%	101.8	4.91%	2032/9/13	約7.7年
米ドル	利付債	三井住友信託銀行	5.35%	102.5	5.01%	2034/3/7	約9.2年
米ドル	利付債	住友商事	5.35%	101.7	5.12%	2034/7/3	約9.3年
米ドル	利付債	武田薬品工業	5.30%	101.3	5.12%	2034/7/5	約9.3年

(注)2025年1月8日時点
(資料)SBI証券ホームページより抜粋

Q-45

人気のインド株、注目のベトナム株。強みと注意点は？

Ans.

経済の成長期待が高いインド株やベトナム株も魅力。ただし、期待で買われやすく変動が激しいので、長期投資が大前提。

経済成長が見込まれるインド・ベトナム

新興国についても簡単に触れておきたいと思います。近年、人気の投資先の1つがインド株です。モディ政権で急速な経済成長を果たし、株価も急上昇しました。直近は成長率鈍化が懸念されたこともあり株価は軟調に推移していますが、2025年以降も7％弱の経済成長が続くと予想されており、長期的には株価上昇が見込めると思います。

もう1つ、個人的に注目しているのが、2025年に経済成長率の加速が見込まれているベトナムです。**ベトナムの強みとしては、平均年齢30歳代という国の若さ**が挙げられます。また、近年の中国離れで日本企業などがサプライチェーン（工場など）をベトナムに移していることも挙げられます。こうした背景から**ベトナムのGDPや輸出が拡大**しているわけです。

リスクも高いインド株・ベトナム株

ただし、インド株やベトナム株に投資する際は、米国株などよりもリスクが高いことをよく認識しておく必要があります。

図 3-20　インド株、ベトナム株の推移

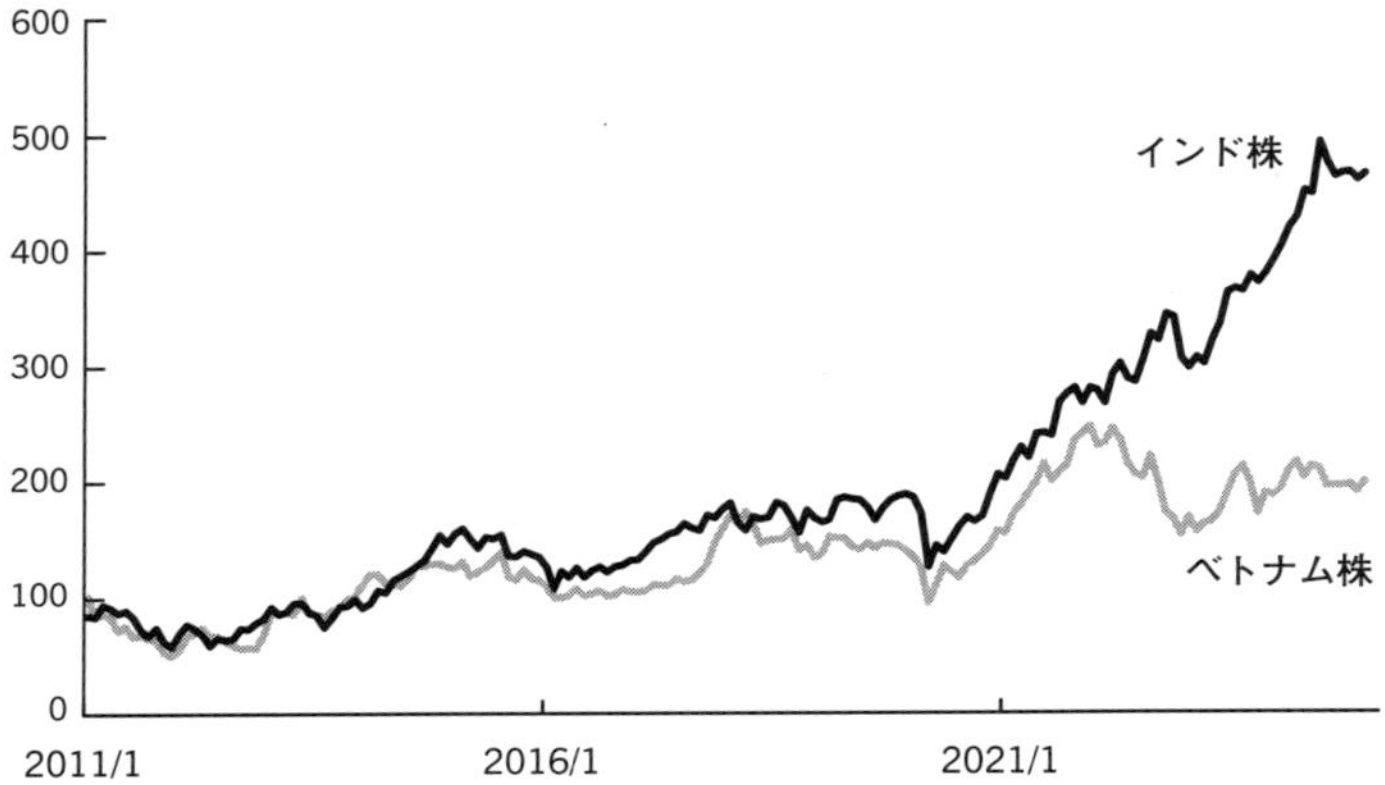

（注）インドSENSEX、MSCI-VIETNAM、配当込み、円ベース
（資料）Morningstar Directのデータより作成

まず経済面では企業による投資や輸出は堅調なものの、**インフレ率や政策金利が高く、国内消費の伸び悩みが懸念**されており、少なからず経済成長の足を引っ張る恐れがあります。

また、株価の観点からは、経済成長率と株価上昇率が必ずしも連動しない点にも注意が必要です。というのも成長率が高い国の株式は**「期待先行」**で買われることが多く、仮に今後も日本やアメリカよりも高い成長率を維持できたとしても、成長率が下がると投資家が「成長鈍化」を**嫌気して株式を売却**することが往々にしてあるからです。

実際、**2011年以降の株価指数のリ**

図 3-21　インド株、ベトナム株は高リスク

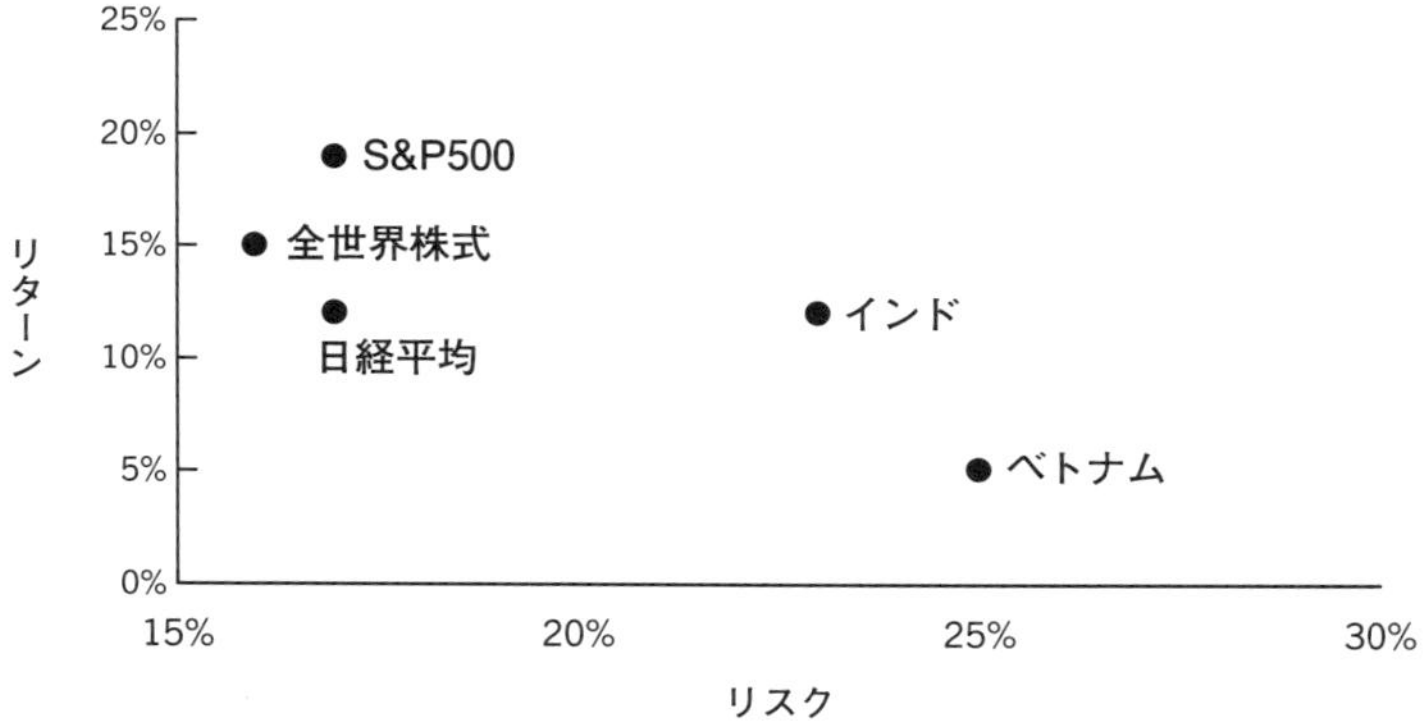

（注）インドSENSEX、MSCI-VIETNAM、配当込み、円ベース
（資料）Morningstar Directのデータより作成

スクは、明らかに米国株などよりも高くなっています。S&P500、全世界株式、日経平均がいずれも年率17%程度なのに対して、インド株は約23%、ベトナム株は約25%です。

両国とも経済の成長期待は高いものの、短期的には先進国株よりも激しく乱高下しやすい特性があることを承知のうえで、これらの株を**投資資産に少し加える**（目安は**5~10%**くらいが妥当でしょう）くらいがちょうどよさそうです。あくまで**長期投資を大前提**に。

Q-46

アクティブファンドにも投資すべき？

Ans.

アクティブファンドに「投資すべき」とはいわないが、「投資する価値」はある。S&P500を上回った日本株アクティブファンドも実在する。

アクティブファンドに投資する価値はある

ＴＯＰＩＸ連動型やＳ＆Ｐ５００連動型のインデックスファンドよりも高い運用成績を目指すアクティブファンドにも投資すべきでしょうか。

投資「すべき」とまではいいませんが、気に入ったファンドがみつかったら投資してみる価値はあると思います。

ファンドを探すには、図２－２でもご紹介した**日経電子版「投資信託サーチ」の「詳細版」**が便利です。シンプル版よりも設定項目は多いですが、詳しく指定できるので好みに合う投信がみつかるかもしれません。

ここでは検索条件を「国内株式」「設定後年数10年以上」「純資産総額３００億円以上」「アクティブ型」「ＮＩＳＡ成長投資枠で購入可」としました。結果は26本のアクティブ投信に絞り込まれました（うち7本はつみたて投資枠でも購入可）。

この26本の投信について、直近10年間のリスクとリターンを図示したのが図３－22です。比較のためＴＯＰＩＸ、Ｓ＆Ｐ５００、全世界株式も表示しました。リスク（横軸）は概ね15％～20％程度で3指数と大きくは違いません。

図 3-22　S&P500を上回った日本株アクティブファンドもある

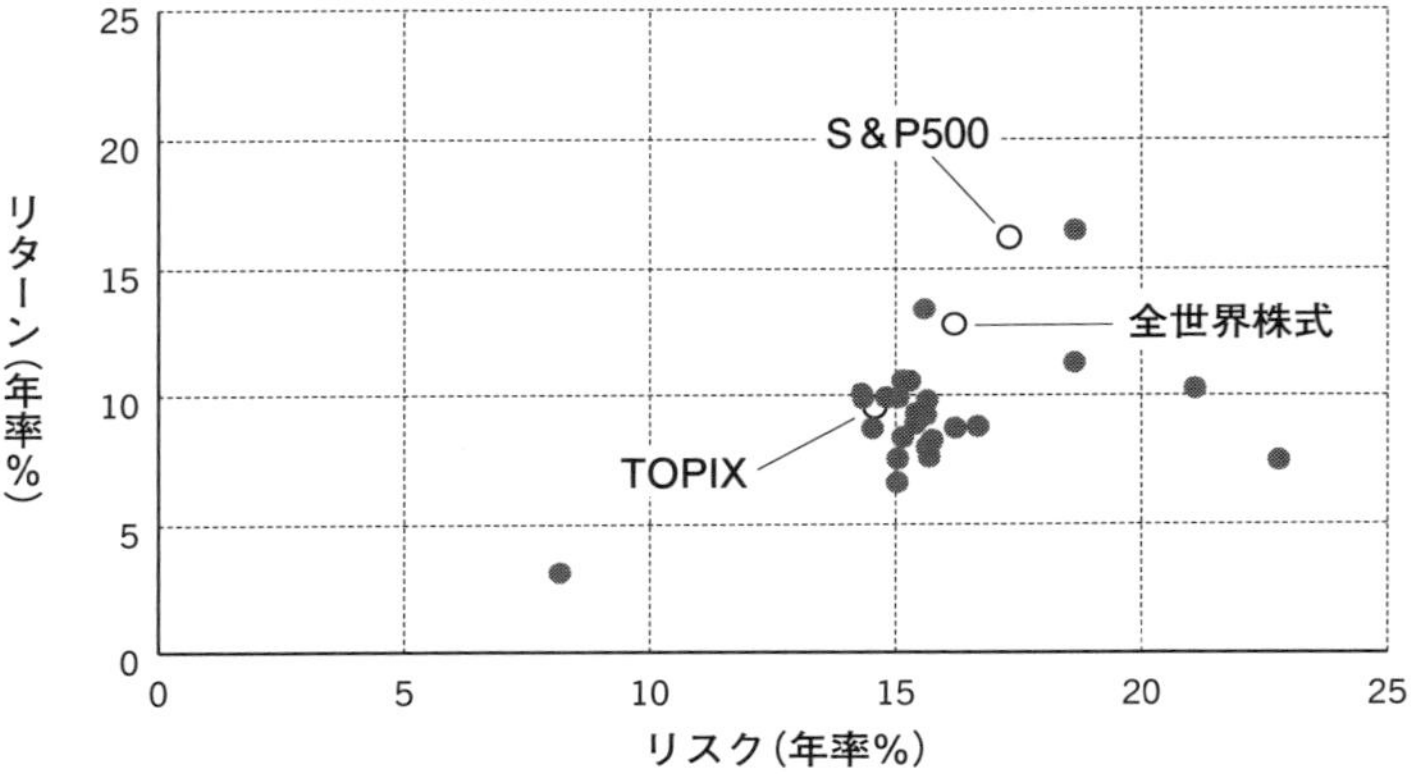

（注）「国内株式」「設定後年数10年以上」「純資産総額300億円以上」「アクティブ型」「NISA成長投資枠で購入可」の条件に合致するアクティブ投信26本
（資料）日経電子版「投資信託サーチ」詳細版（2025年2月5日検索）、Morningstar Directのデータより作成

リターン（縦軸）はばらつきがありますが、**ＴＯＰＩＸよりも高いファンドが26本のうち10本**ありました。これらの投信は「株価指数を上回る運用成績」というアクティブファンド本来の目的を10年間では達成したことになります。

ごく一部ですが、**全世界株式やＳ＆Ｐ５００よりも高いリターンを実現**したファンドもあります。日本株だけに投資しても、これらの指数より高いパフォーマンスを実現できたわけです。しかも**10年間の累積リターン**ですから、**「一発当てた」のとは意味が違います。**

Q-47

勝ち続けるアクティブファンドはある？

Ans.

株価指数に勝ち続けるファンドは少ない。過去の運用成績がよかったからといって、将来もよいとは限らないし、過去が悪かったからといって将来も悪いとも限らない。

時期によって好調・不調がある

前項の26本のアクティブ投信の**リターン順位の変化**をみてみましょう。期間は直近1年、直近5年、直近10年の3つです（図3－23）。

ファンドAのようにどの期間でも高順位を維持するケースは稀で、多くは**時期によってリターンの順位が大きく入れ替わっている**ことが一目瞭然です。

これが意味しているのは**「過去の運用成績がよかったからといって、将来もよいとは限らない」**ということです。同様に**「過去が悪かったからといって将来も悪いとも限らない」**という意味でもあります。

たとえばファンドZの場合、直近10年は第6位ですが、直近1年・直近5年のリターンは最低レベルですから、「かつてはよかったが、ここ5年ほど冴えないファンド」ということです。ちなみに10年間のリターンはTOPIXを年率1％ほど上回っています。

逆にファンドBのように「かつては今ひとつだったが、直近5年、特に直近1年はリターンが相対的に高いファンド」も存在します。

図 3-23　時期によってリターン順位は大きく入れ替わる

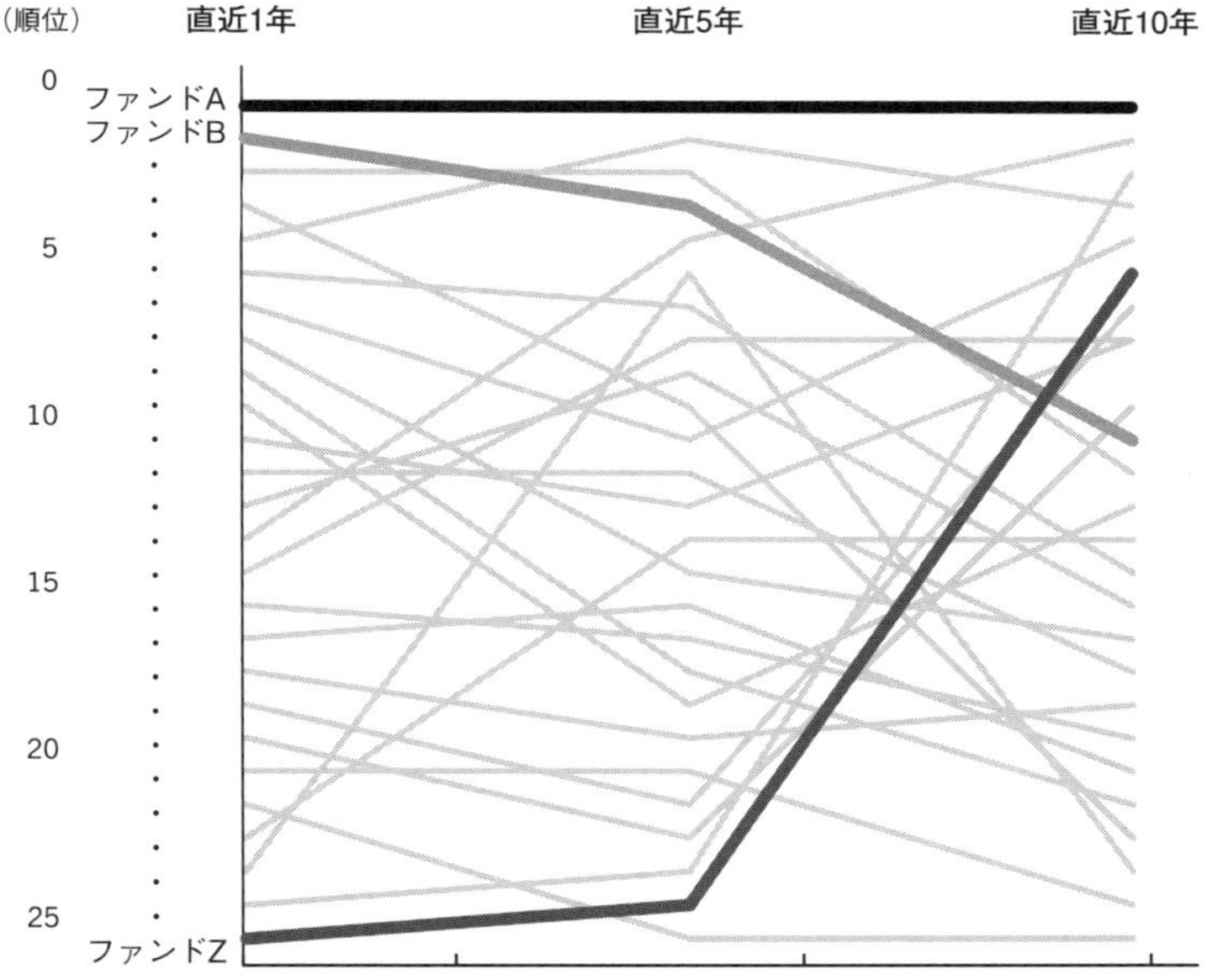

(注)図3-22と同じ26本のアクティブ投信

Q-48

アクティブファンドも長期投資ほど有利？

Ans.

期間が長いほどTOPIXに勝つファンドが増える傾向。
市場環境に応じて入れ替えるか、5年・10年タームでつき合うつもりで。

図 3-24　投資期間が長いほどTOPIXに勝つ傾向

TOPIXのリターンを上回ったファンド数

直近1年	直近5年	直近10年
2	10	11

（注）図3-22と同じ26本の投信

期間が長いほどアクティブファンドが本領発揮する傾向も

前項では時期によってファンドの好調・不調があることをご説明しました。ここでは投資期間とファンドの運用成績の関係をみていきましょう。

期間が長いほどＴＯＰＩＸに勝つファンドが増える傾向があります（図３－24）。

直近１年は急速な円安進行、米大統領選、空前のＡＩブームなどが影響したのか、26本のうちＴＯＰＩＸのリターンを上回ったのはわずか２本でしたが、直近５年では10本に増えます。ちなみにすべての期間でTOPIXのリターンを上回ったのは、ファンドAだけでした。

アクティブファンドは大型株・中小型株、成長株・割安株、業種、高配当利回り株など、**市場平均を表す株価指数からあえて乖離するリスク**を取ります。

これらのリスクテイクが奏功するか否かは、そのときの**市場環境に依存**します。ファンドの狙い通りなら株価指数を大きく上回るリターンを獲得できますが、裏目に出ることもあります。

そのためアクティブファンドに投資する際は、経済環境・市場環境の変化に応じて投資するファンドを適宜入れ替えるか（難しいですが……）、**当初から5年・10年タームで保有する覚悟で購入**することが肝心です。

なぜ長期ほどアクティブファンドが本領を発揮しやすい傾向があるのかは次項で説明します。

Q-49

なぜ長期だとアクティブファンドが本領発揮しやすいのか？

Ans.

アクティブファンドが取るリスクはさまざまで、どのリスクが奏功するかは時期によって変化する。

それを事前に察知するのは難しいが、長期保有すればいずれ報われる。

短期だと裏目に出続けることもある。

市場環境は変化する

前項で述べたように、アクティブファンドは大型株・中小型株、成長株・割安株などのリスクを取りますが、これらの**リスクテイクがリターンにつながるか裏目に出るかは、そのときどきの市場環境に依存**します。

実際、図3-25、図3-26のように**市場環境は短期的にも中長期的にも変化**しました。その傾向は**日本と米国でも異なって**いて、ここ数年、日本株市場では割安株優位な状況が続いていますが、米国市場で割安株が優位な時期は短かったことがわかります。

大型株・小型株についても、日本では2018年頃から大型株優位な時期が長く続いていますが、米国では2020年後半から2023年にかけて小型株優位な状況が断続的にありました。

アクティブファンドの運用方針は一貫している

一般的なアクティブファンドはその運用方針に沿って割安株を多く組み入れたり、小型株中心に投資したりしています。市場環境は短期的にも中長期的にも変化しますが、**ファ**

ンドが短期間で運用方針をコロコロ変えることは通常ありません。

そんなことをしたら投資家は何に投資しているのか、どのようなリスクを取っているのかわからなくなってしまうからです（事前に明示したうえで、その時々で機動的にリスクテイクを変更するファンドもあります）。

投資家にしてみれば**「アクティブファンドなのだから、どんな市場環境でも勝ってほしい」**と思うかもしれませんが、それは**運用方針に忠実なファンドほど困難**なのです。

長期保有で報われるのを待つ

では、投資家はアクティブファンドとどう向き合えばよいのでしょうか。

以前、ＧＰＩＦ（年金積立金管理運用独立行政法人）の運用責任者が話していたことが印象的です。

「割安株優位、小型株優位などの市場環境は変化するが、いつ、どのような市場環境が実現するか事前にはわからない。だからこそ、**複数のリスクを取り続けることで中長期的にＴＯＰＩＸなどの株価指数を上回るリターンを獲得**できるはずだ」

個人的にはとても腹落ちする説明でした。

図 3-25　日本株市場の環境変化

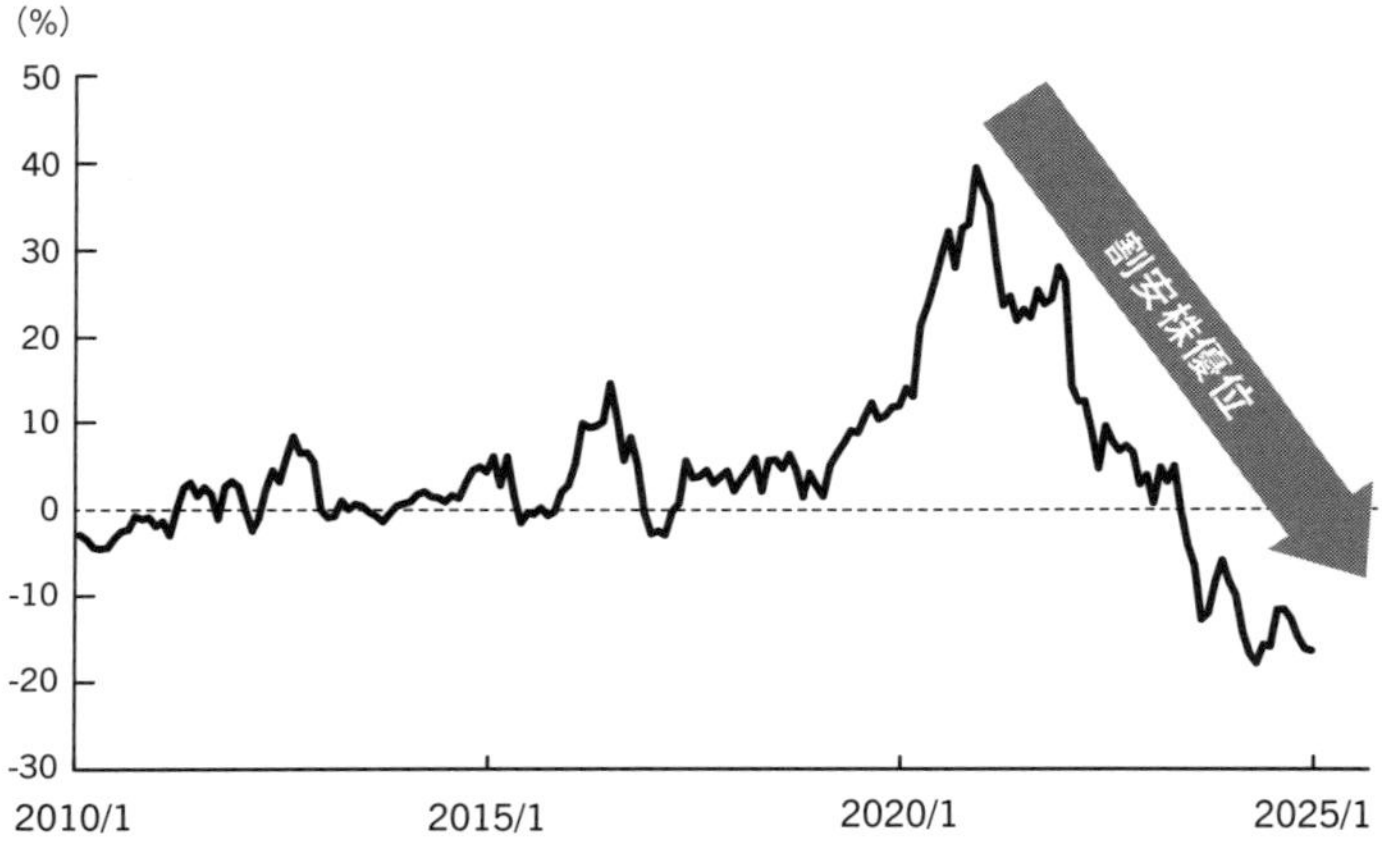

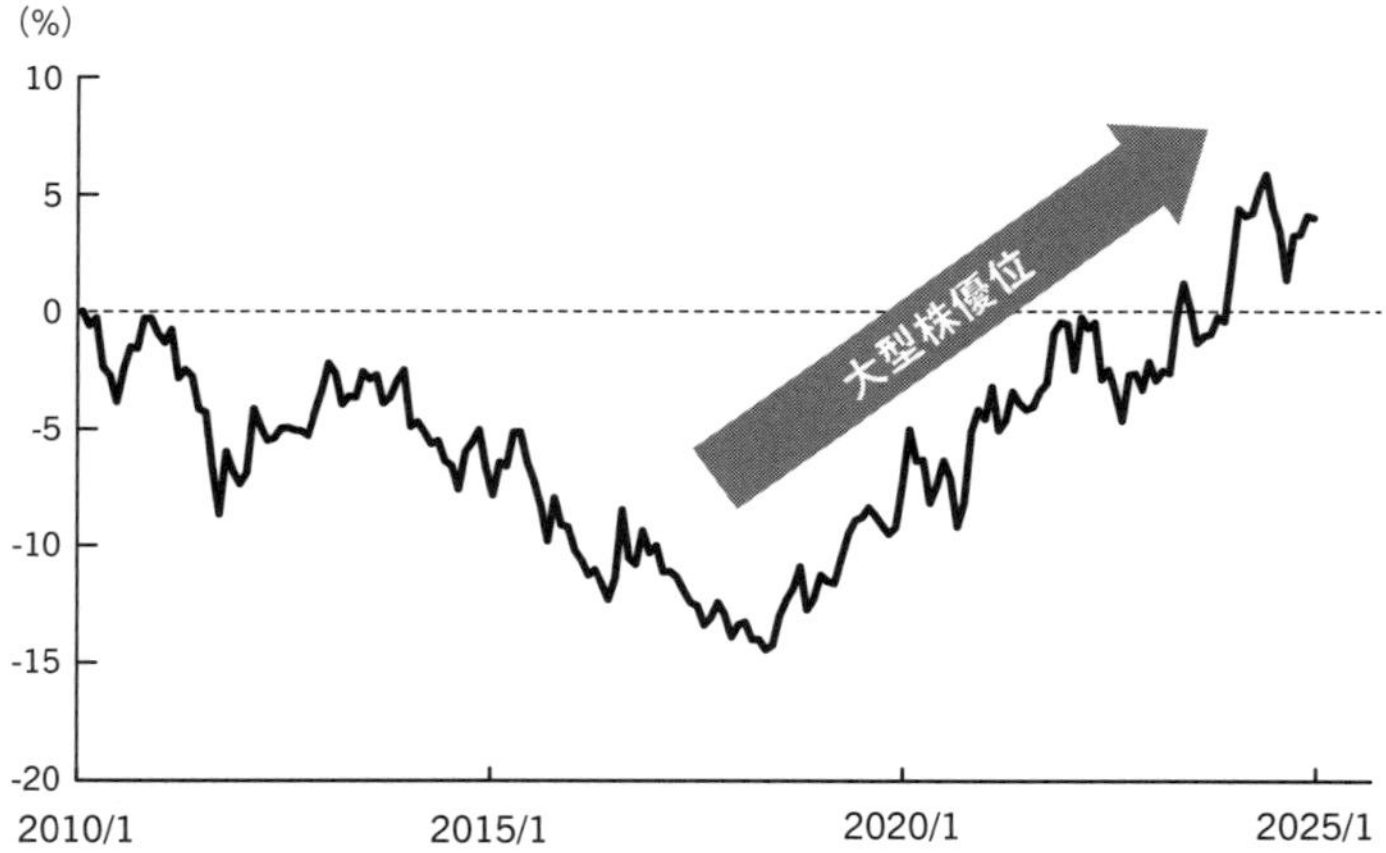

(注)成長株指数と割安株指数および大型株指数と中小型株指数の月次リターン差の累積値
(資料)Russell/Nomura日本株インデックスのデータより作成

図 3-26　米国株市場の環境変化

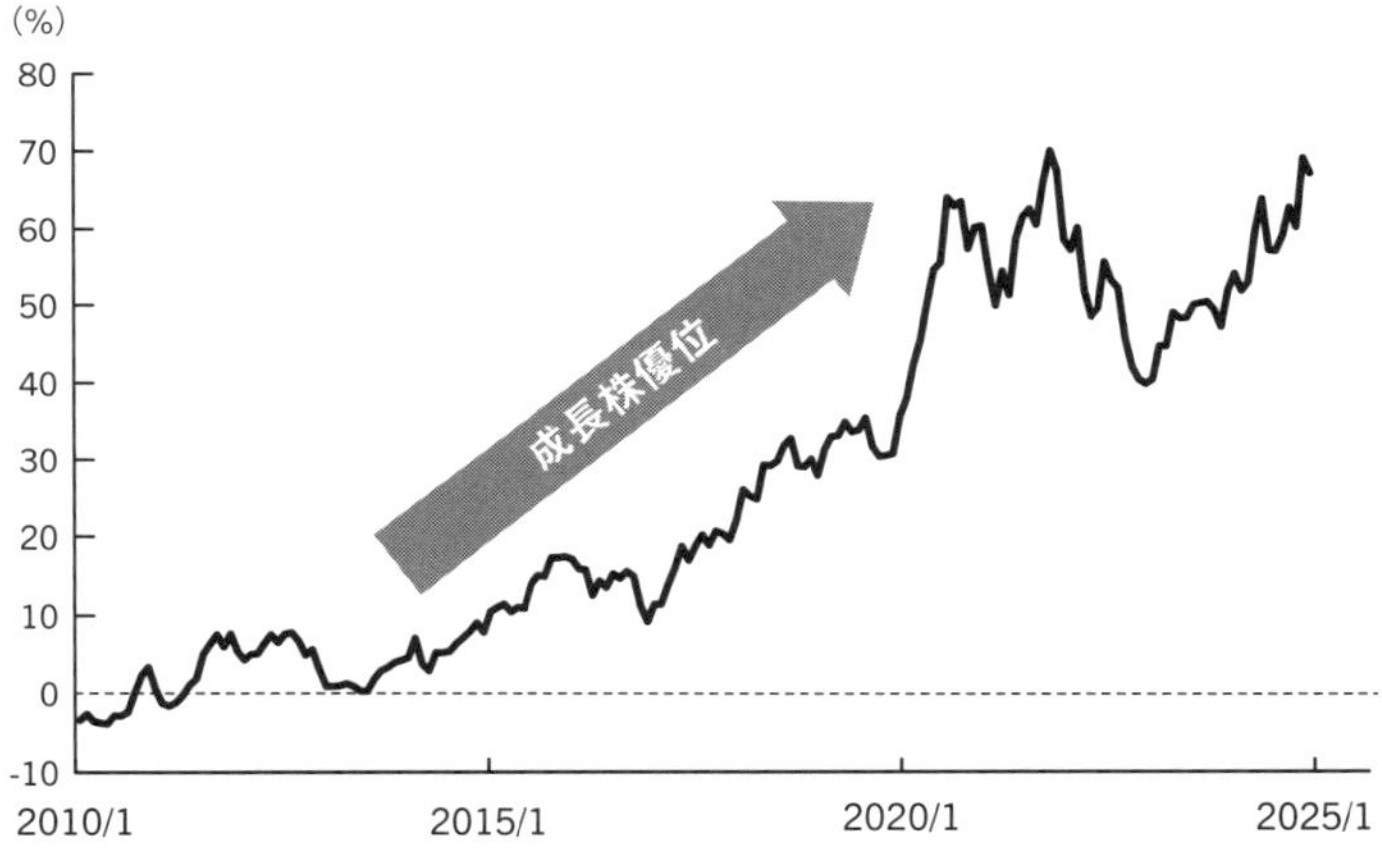

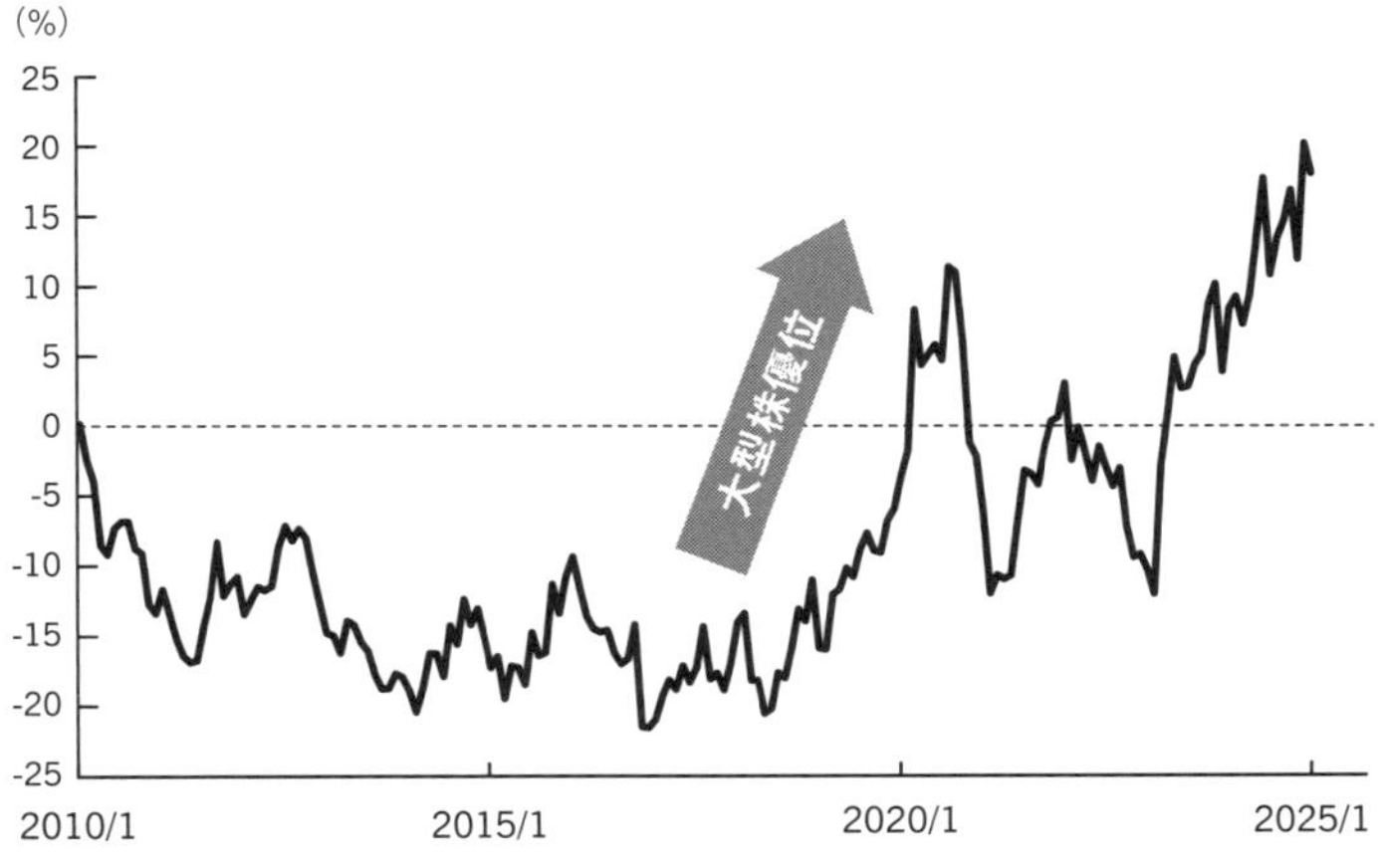

(注) S&P500成長株指数と割安株指数、S&P100指数とS&P1000指数の月次リターン差の累積値
(資料) Refinitivのデータより作成

この考え方に同意するかは人それぞれですが、アクティブファンドに投資する場合は、**タイプが異なる複数のファンドを選び、5年～10年以上といった長期保有**によってこそ報われるということでしょう。

逆に、1～2年など短期間の運用成績がよくないからといってファンドを入れ替えてばかりいると、裏目に出続けてしまう恐れがあるということです。

第4章

NISA、iDeCoの真実

NISAとiDeCoは「どちらも非課税制度」と思われがちですが実際は違います。この章では拠出時の節税ができるか、途中で引き出せるかなど、両者の主な特徴やメリット・デメリットを整理します。そのうえで、NISAとiDeCoの使い分けについても考えます。

Q-50

NISAとiDeCo、どう違う?

Ans.

運用中の運用益が非課税な点は共通。
iDeCoは所得控除で節税も可能だがNISAは節税制度なし。
iDeCo利用は制限あり。
いつでも引き出せるNISA、原則60歳まで引き出せないiDeCo。

ＮＩＳＡ（少額投資非課税制度）とｉＤｅＣｏ（イデコ・個人型確定拠出年金）は「つみたて投資」の強力なツールです。主な違いは、利用できる年齢、拠出したとき（投資信託などを買ったとき）に節税効果があるかないか、自由に引き出せるか引き出せないか、口座管理手数料の有無、購入できる金融商品、引き出すときの課税の有無など多岐にわたります。ここでは主なポイントを順に説明します。

利用（積み立て）できる年齢

まず**ＮＩＳＡは毎年1月1日時点で18歳以上の人なら誰でも口座を持つ**ことができ、年間３６０万円（生涯の非課税保有限度額１８００万円〔投資元本ベース〕）まで投資できます。

ｉＤｅＣｏに加入（つみたて拠出）できるのは、原則20歳から65歳未満かつ公的年金（国民年金、厚生年金）に加入している人です。ｉＤｅＣｏは「公的年金の補助」という位置づけのため、**公的年金に加入していることがｉＤｅＣｏ加入の条件**となっているのです。

現在、国民年金に加入できる最長期間は40年間なので、たとえば20歳から60歳まで国民年金にフル加入した場合、60歳以降に自営業やフリーランスだと国民年金に加入できずｉ

DeCoにも加入（掛け金を拠出）できません。60歳以降に会社員等で厚生年金に加入していれば65歳になるまでiDeCoにも加入できます。

受け取り時期

NISAは好きなときにいつでも引き出せます。しかも引き出した分の元本相当額が翌年以降の投資枠として復活するので、**再利用可能**です。

iDeCoは原則60歳以降にしか引き出すことができません。というのも、確定拠出年金という名前の通り「年金制度」なので、途中で引き出すことができないのです。

60歳まで引き出せない点をiDeCoのデメリットと捉える人もいますが、「老後まで引き出せないことがメリットでもある（引き出せると使ってしまいそう）」といった考え方もあります。私のように「手の届くところにお金があると使ってしまう」という方には、iDeCoは有力な相棒ですね。

税制優遇

運用中の運用益（値上がり益や分配金）が非課税な点はNISAとiDeCoで共通で

図 4-1 NISAとiDeCoの主な違い

		NISA	iDeCo
引き出せる時期		いつでも可	原則60歳以降
税優遇	拠出時	なし	掛け金が所得控除
	運用中	非課税	非課税
	受取時	非課税	原則課税（優遇あり）
口座管理手数料		無料	数千円／年

すが、**ｉＤｅＣｏの大きなメリットは拠出額（投資信託等を購入した額）が所得控除**され、**所得税と住民税が節税**できることです。

たとえば年間50万円（月およそ４万円）ｉＤｅＣｏに拠出すると、税率15％（年収５００万円弱）の人なら節税額は年７万５０００円です。税率20％（年収７００万円前後）なら10万円の節税になります。この節税分をさらに投資に回すこともできます。ＮＩＳＡの場合は投資額が所得控除されることはありません。

なお、**ｉＤｅＣｏでは預貯金を選択**することもできます。「投資信託のリスクを取りたくない」という人は預貯金を選べば節税効果だけを得ることができます（インフレで実質的に元本割れするリスクはありますが）。

注意すべきは、専業主婦（夫）などの第3号被保険者がiDeCoを利用する場合です。月2・3万円を上限に拠出できますが、所得控除はあくまで本人のみです。所得税や住民税を納めていない人がiDeCoを利用しても、配偶者が所得控除を受けることはできません。

受取時にNISAは非課税ですが、iDeCoは原則課税です。ただし、**iDeCo受取時も一定の税制優遇**があります。「Q-55」で詳しく説明します。

Q-51

NISAとiDeCo、本当に〝信用〟できる？

Ans.

NISAやiDeCoは「年金だけでは老後資金が足りない」という国からのメッセージ。むしろ、年金などで政府を信用できない人こそ、NISAやiDeCoで自己防衛を！

なぜNISAやiDeCoが登場したのか

新NISAスタート時、SNS上などでは「政府が国民に株を買わせようとしている」「投資で資産を増やしても政府に搾取される」などの懐疑的な見方も散見されました。投稿主が本気でそう考えているのか不明ですが、本書をここまで読んでくださった方なら、このような投稿は気にならないでしょう。

そもそも、なぜNISAやiDeCoが登場し、制度が拡充されてきたのでしょうか。私は次のような政府からのメッセージだと考えています。

すなわち、「国として年金は払うが、それだけでは**老後資金が足りない**ので**自分で準備してほしい。**その代わり**税金面で優遇**する」と。

実際、2024年度の国民年金（老齢基礎年金）は40年間フル加入した場合の満額でも月額約6万8000円、厚生年金は月額約16・2万円（男性の平均的な収入で40年間就業した場合。満額の老齢基礎年金6万8000円を含む）です。

2人世帯の場合、2人とも国民年金だと月額およそ13・6万円、厚生年金と国民年金の場合は月額約23万円、2人とも厚生年金なら月額およそ32・5万円となります。

図 4-2 年金だけでは足りない

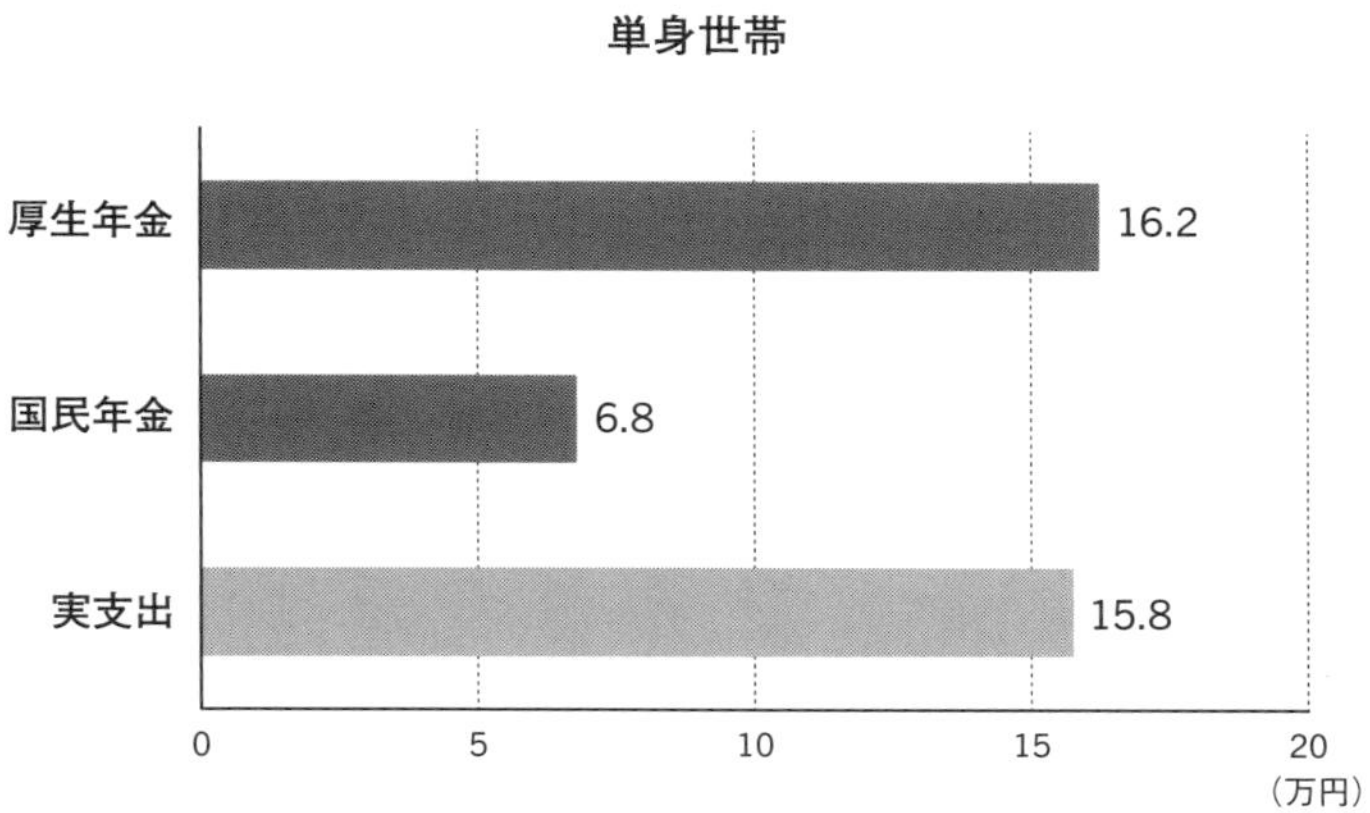

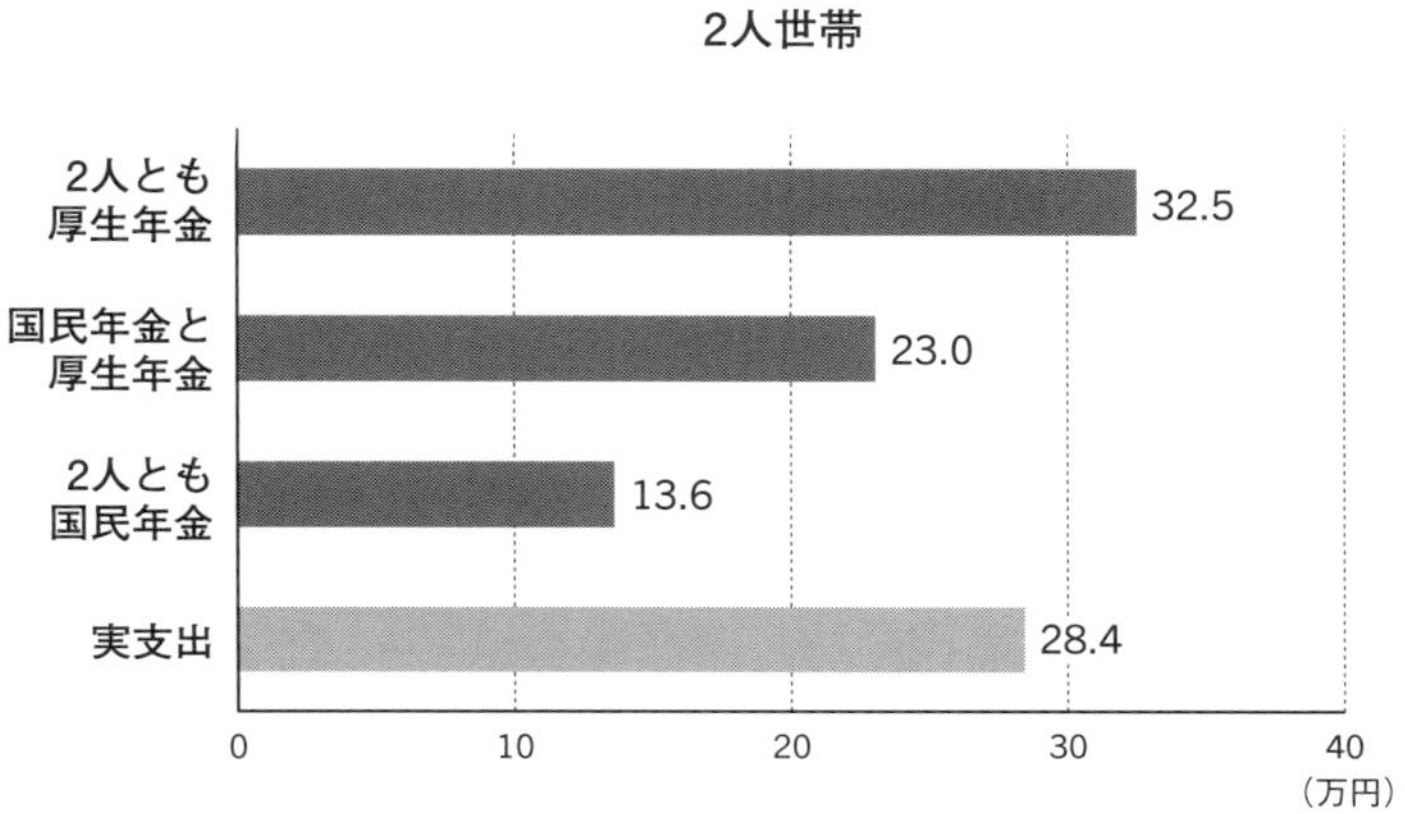

（注）国民年金（老齢基礎年金）は満額、厚生年金は男性の平均的な年収で40年間勤務した場合の2024年度の年金額。実支出は高齢無職世帯の2023年
（資料）厚生労働省、総務省「家計調査」

一方、総務省の家計調査（２０２３年）によると、高齢の無職世帯の平均的な実支出は、単身世帯で月額およそ15・8万円、２人世帯は月額約28・4万円です。単身で国民年金の世帯や２人のうちどちらか１人が国民年金の世帯は、年金だけでは足りません。２人とも国民年金の世帯はさらに深刻です。詳しくは第5章で改めて取り上げます。

もちろん年金額も支出額も世帯によって異なりますが、平均的には年金だけでは足りません。**そもそも年金は老後生活で必要な資金のすべてをカバーするものではない**のです。だからこそ自分で備えることが必須ですし、政府もそれを促しているのです。

老後に備える手段として、インフレで実質目減りするリスクを承知のうえで預貯金を選択しても構いませんが、投資で資産形成するなら税制優遇措置があるＮＩＳＡやｉＤｅＣｏを利用したほうが有利なことは、説明する必要はないでしょう。

Q-52

［NISA］成長投資枠の活用法は？

Ans.

つみたて投資枠で購入できる商品は、つみたて投資枠で買う。個別株なども買えて自由度が高い成長投資枠は温存するのがよい。ただし、月10万円を超える投資は成長投資枠で。

成長投資枠とつみたて投資枠、どう組み合わせるのがいい?

まず、**成長投資枠とつみたて投資枠の違いは「買える商品」と「投資限度額（年間、生涯）」だけで、税制面などは同じ**です。

投資枠によって買える商品が異なりますが、つみたて投資枠で購入できる投信は成長投資枠で買うこともできます。つまり**成長投資枠のほうが購入できる商品が幅広い**ので、成長投資枠・つみたて投資枠のどちらでも買える商品は「つみたて投資枠」で買うのが基本です。というのも成長投資枠なら個別株やJ－REIT（不動産投資信託）も買えますし、外国株も買えます（つみたて投資枠では買えません）。投資初心者などで、**「まずは一般的な投資信託だけ」という方の場合、つみたて投資枠から**使いましょう。

いずれ個別株など成長投資枠でしか買えない金融商品にも投資したくなるかもしれません。そのときのために自由度が高い**成長投資枠を温存**しておくのがよいと思います。

ただ、つみたて投資枠は、名前の通り「つみたて投資」しかできません。月間投資額の上限は10万円という金融機関が多いので、**10万円を超える分は成長投資枠**を利用することになります。

図 4-3　つみたて投資枠、成長投資枠の概要

	つみたて投資枠	成長投資枠
非課税保有期間	無制限	無制限
制度（口座開設期間）	恒久化	恒久化
年間投資枠	120万円	240万円
非課税保有限度額（投資元本ベース）	1800万円	うち1200万円
投資対象商品	長期の積立・分散投資に適した一定の投資信託（金融庁の基準を満たした投資信託に限定）	上場株式・投資信託等※1（つみたて投資枠で購入できる投資信託はすべて購入可能）
対象年齢	18歳以上※2	18歳以上※2

（注）※1：①整理・監理銘柄、②信託期間20年未満、毎月分配型の投資信託およびデリバティブ取引を用いた一定の投資信託等を除外。※2：1月1日時点で18歳以上
（資料）金融庁ホームページ（一部加筆修正）

Q-53

［NISA］成長投資枠では個別株を買うべき？

Ans.

個別株を「買うべき」ということはない。「個別株のほうがよい」というわけでもない。個別株はまとまった投資資金が必要なうえ、選ぶのは容易でない。

個別株を選ぶ手間や知識に不安があれば、背伸びせず投信が正解。

個別株のほうが「よい」というわけではまったくない

たまに「成長投資枠は個別株を買うもの」と思っている方がいますが、そんなことはまったくありません。銘柄選びが難しければインデックス投信やアクティブ投信、J－REITなどを買ってもよいと思います。

一般的に個別株は投資信託よりも値動きが激しい（リスクが大きい）ですし、急に業績が悪化したり、最悪の場合、倒産して紙くず同然になったりする可能性もあります。個別株はこうした固有のリスクもあるので、正直なところ初心者向きだとは思いません。

個別株に投資する場合、リスク分散のために少なくとも5銘柄以上に投資するのが鉄則だと私は考えています。できれば10銘柄、20銘柄という具合にもっと多いほうがいいですが、最低でも5銘柄は必要だと思っています。

分散投資になり得る「最低5銘柄」を選ぶ観点としては、業種分散が基本になります。まず製造業と非製造業の両方に投資する。製造業でも半導体、自動車、化学など、原材料価格や為替の影響が異なる業種に分散するのがいいでしょう。

たとえば原油価格が上昇したときに保有銘柄のすべてが値下がりしたり、円高で全銘柄の株価が下落したりすると精神的にも苦しいと思います。そうならないために外需と内需に分散することも大事ですし、大型株と中小型株に分散する方法もあります。

個別株を選ぶのは容易でない

こう考えると、できれば10銘柄や20銘柄以上に分散するのがいいでしょう。**まとまった金額を投資することになり、初心者にはハードルが高い**かもしれません。

また、日本株の個別銘柄だけでも４０００銘柄くらいあります。その中から5銘柄なり10銘柄なりを選ぶのは大変な作業です。たとえばマネー雑誌などに掲載されている「有望銘柄」の中から選ぶとしても数十～１００銘柄くらいから選ぶのは**手間と知識が必要**になります。

これに対して投資信託は自動的に分散投資できます。たとえば日経平均連動型インデックスファンドなら２２５銘柄に少しずつ投資しているわけですし、全世界株式の場合は世界中の３０００銘柄程度に幅広く分散投資しています。

アクティブ型投資信託でも少なくとも20～30銘柄以上に分散投資していますし、少額から投資可能です。**初心者でなくても投資信託を選ぶ理由はここにあります。**

Q-54

【NISA】成長投資枠で個別株を買う醍醐味は？

Ans.

個別株には固有のリスクもあるが、大きく儲かる可能性もある。アップルやアマゾンだけではない。日本株で大きく上昇した銘柄もある。

個別株は固有リスクもあるが、テンバガーのような醍醐味もある

個別株投資は銘柄選びなどのハードルが高いうえ固有のリスクもありますが、上手に選べば大きく値上がりする可能性もあります。株式投資の醍醐味ともいえるでしょう。

たとえば米国にはアップル、エヌビディア、アマゾンなど株価が大きく上昇した銘柄がたくさんあります。日本株でもユニクロを運営するファーストリテイリング、半導体製造装置の東京エレクトロン、求人関連のリクルートホールディングスなど、**短期的・中長期的に大きく上昇した銘柄**はいくつもあります。

こうした銘柄を選定する際のカギは、当然ですが売上高や利益が大きく増加しそうな銘柄を探すことです。それには世界中の多くの人がその企業の製品・サービスを利用したいと思うかどうか、他社が容易に真似できそうにない製品・サービスを提供し続けられそうか等が大事なポイントになります。

多くの人が利用すれば数量ベースで売上高や利益が増えます。ただ、数量が増えても価格（利益率）が下がってしまえば売上高や利益はそれほど伸びないかもしれません。容易に真似できる製品・サービスは価格競争で収益力が低下しやすいからです。

図 4-4　大きく値上がりした日本株の例

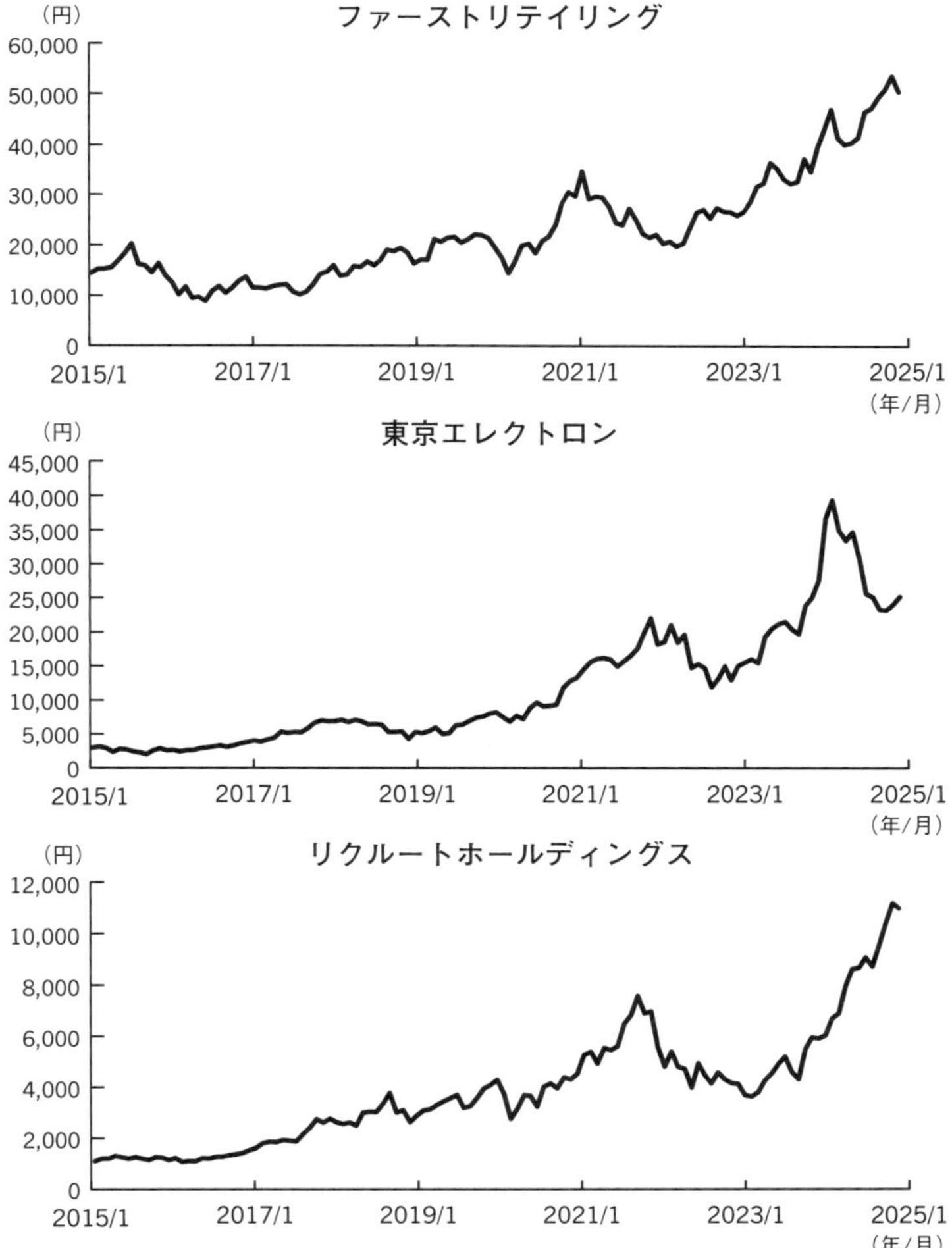

(注)QUICKのデータより作成

また近年は投資家や東京証券取引所の要請もあり、**株価を意識した経営**に力を入れる企業が増えています。**こうした取り組みで株価が数倍に上昇**した銘柄もあります。

ちなみに、株価が10倍以上に上昇した銘柄（上昇しそうな銘柄）を「テンバガー」と呼びます。バガー（bagger）は野球用語の「塁打」の意味で、1試合で10塁打を記録するくらいの勢いで株価が急騰する銘柄のことです。メジャーリーグの大谷翔平選手や元選手のイチローさんのイメージでしょうか。

容易ではありませんが、こうした銘柄を探すのも株式投資の醍醐味といえるでしょう。

Q-55

【iDeCo】税制面の具体的なメリットは？

Ans.

拠出時は節税になるが、受取時は原則課税（優遇制度あり）。一般に受取時は拠出時よりも税率が低い。iDeCoは課税を「先送り」して、人生トータルの税負担を減らす制度（注意点あり）。

iDeCoは「課税を先送り」して、人生トータルの税負担を減らす制度

iDeCoの受給方法は「一時金」で受け取るほか、**「年金」「一時金と年金の組み合わせ」の3つ**あります。

受け取るときは原則として課税されますが、税負担を減らす優遇措置があります。**一時金で受け取る場合は退職所得控除、年金の場合は公的年金等控除**という**非課税枠**があります。

まず退職所得控除は、勤続年数20年までは1年あたり40万円、21年以降は1年あたり70万円が非課税枠として加算されます。たとえば勤続年数が20年の場合の非課税枠は800万円（＝40万円×20年）、勤続年数35年なら1850万円（＝40万円×20年＋70万円×15年）です。ただし**iDeCoについては加入期間が勤続年数**とみなされます。

注意すべきは、退職所得控除はiDeCo単独の枠ではなく、退職金や企業型DC（確定拠出年金）と共通なことです。退職金や企業型DCが多い場合はiDeCoを一時金で受給すると全額課税されることもあります。

なお、**転職してもiDeCoの退職所得控除（非課税枠）はリセットされません。**たとえばA社勤務の20年間、B社に転職後の15年間ずっとiDeCoに加入した場合は加入期

図4-5　なぜiDeCo活用で税金が減る?

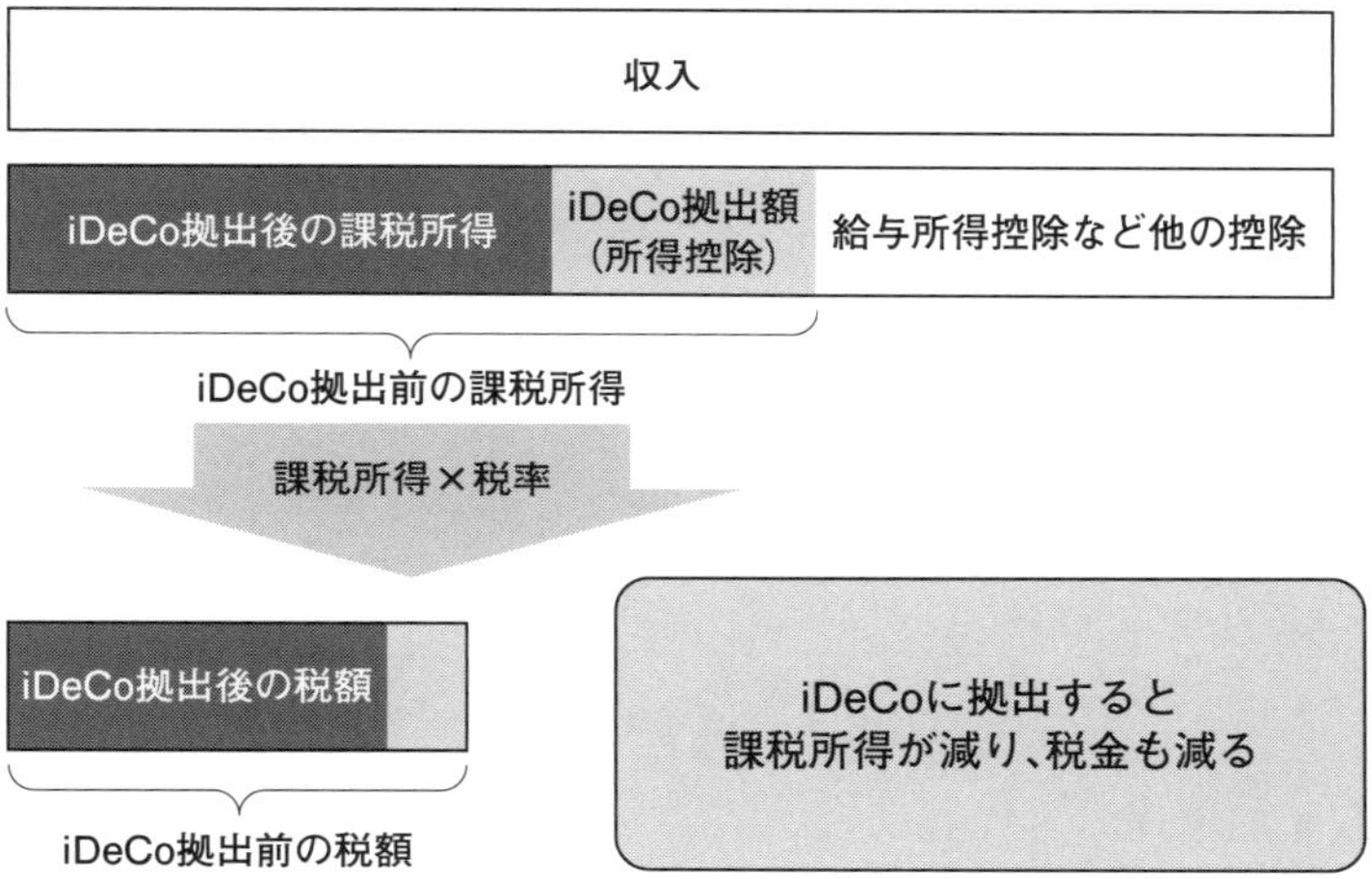

間35年と扱われるので、退職所得控除は1850万円です。また、企業型DCをiDeCoに移管した場合も加入期間は通算されます。

iDeCoを年金として受け取る場合、公的年金と同様に毎月一定額を受け取ることができます。この場合は**雑所得として公的年金等控除が適用**されます。控除額は公的年金等（会社などから支払われる退職年金、会社型DCを含む）の合計額や、それ以外の所得額、年齢（65歳未満か65歳以上か）によって異なります。

「Q-50」で説明したように拠出時は節税になりますが、受け取るときは原則課税なので、正確には**「非課税」ではなく「課税の先送り」**です。税率が高い（年収が多い）現役時代は掛け金や運用益に課税せず資産を増やしやすくして、退職後の税率（年収）が低いときに（拠出時に節税対象となった）掛け金と運用益に課税します。こうすることで**人生トータルの税負担を抑える制度**なのです。

ただし、退職後（受取時）の税率が現役時代（拠出時）よりも低ければ掛け金部分の税負担は確実に軽減されますが、**運用益があまりに大きいとトータルの税負担が多くなってしまう**ことも考えられます。詳しくは「Q－58」でご説明します。

Q-56

【iDeCo】始める前の注意点は？

Ans.

口座管理手数料がかかる（金融機関で異なる）。

途中で脱退できない（死亡、高度障害などの例外を除く）。

手数料が高い、拠出額が少ない等で「手数料負け」することもある。

iDeCoは口座管理手数料がかかる

ＮＩＳＡは口座管理手数料が無料ですが、ｉＤｅＣｏは年間数千円かかります。大きく分けて**2段階の手数料が必要**です。

①ｉＤｅＣｏ実施機関である国民年金基金連合会などの手数料
②仲介する金融機関の手数料

①はｉＤｅＣｏを利用する場合に一律の手数料で年間２０００円強（毎月拠出の場合）、②は金融機関によって異なりゼロ～５０００円程度です。①と②の合計額は２０００円強～７０００円程度と開きが大きいので、**金融機関選びは重要**です。

なお、新規加入時や企業型ＤＣから移管時は２８２９円の手数料がかかります。

iDeCoの「手数料負け」に要注意

特に注意が必要なのは、手数料が高い金融機関だと拠出時の節税額を上回ってしまい、節税効果がなくなるどころか「手数料負け」してしまう可能性があることです。

仮に手数料がもっとも安い金融機関であっても、拠出額が少なかったり税率が低かったりすると、節税額より手数料のほうが高くなる可能性もあるので注意してください。

また、先ほども述べましたが、**所得控除はあくまで本人のみ**です。所得税や住民税を納めていない人がｉＤｅＣｏを利用しても、**その配偶者が所得控除を受けることはできません。**この場合は節税額ゼロで完全に「手数料負け」します。納税額が少ない場合も手数料負けの可能性があります。

途中でやめられず、手数料がかかり続ける

ｉＤｅＣｏは毎月の掛け金を減らしたり停止したりすることができます。ただ、その場合でもこれまでに積み立てた資産を引き出すことはできず（死亡、高度障害などの場合を除く）、**引き出し可能な年齢になるまで運用（預貯金を含む）を続けなければなりません。**

当然、その間も口座管理手数料がかかり続けるので、所得控除による節税メリットが小さくなるどころか、手数料負けすることもあります。

Q-57

【iDeCo】50代でのスタートは遅い？

Ans.

50代、60代のiDeCo活用が広がる可能性あり。
勤務先の年金制度がない（少ない）人に朗報！

年齢制限・掛け金上限額が大幅拡充へ

ｉＤｅＣｏの**制度改正**が予定されています。政府・与党と厚生労働省の改正案によると、一部会社員は掛け金の上限額が数倍に増えるほか、拠出期間も5年延びて70歳未満になる方向です。**現在は65歳未満しか拠出（投信などを購入）できません**が、これを**70歳未満に延ばすことが検討**されています。時期は未定ですが、２０２７年春が見込まれていますが、悩み「もう50代だから、今から始めても遅いかな」と迷っている人もいると思いますが、悩みが緩和されそうです。

近いうちに70歳未満までｉＤｅＣｏに拠出できることになりそうなので（国民年金か厚生年金加入が条件）、たとえば若いときに国民年金保険料を納めておらず老齢基礎年金を満額受給できない場合、65歳未満かつ保険料納付期間が４８０月（40年）未満なら国民年金に任意加入してｉＤｅＣｏにも拠出する方法が考えられます。こうすれば**公的年金と私的年金をダブルで増やせる**わけです。もちろん65歳以降も厚生年金に加入すればｉＤｅＣｏに拠出できます。

なお**65歳以降はｉＤｅＣｏ加入期間が1カ月以上で引き出す**ことができます。

図 4-6 iDeCo上限額が引き上げられる見込み

（万円）

		現行制度		改正案	
		確定拠出年金全体（企業型DC＋iDeCo）	うち iDeCo	確定拠出年金全体（企業型DC＋iDeCo）	うち iDeCo
自営業・フリーランス		6.8(*1)		7.5(*1)	
会社員	企業型DCやDBなし	—	2.3	6.2	
会社員	企業型DCかDBあり	5.5	2.0(*2)	6.2(*3)	
公務員・教職員（私学共済）		—	2.0	6.2(*3)	

（注）一部簡略化。DCは確定拠出年金、DBは確定給付年金のこと。専業主婦（夫）（第3号被保険者）は2.3万円で変わらず。*1：国民年金基金と共通。*2：5.5万円から企業型DCやDBの掛け金合計額を引いた額が2万円より小さい場合はその額。*3：iDeCoの実際の上限額は6.2万円から企業型DCやDBの掛け金合計額を引いた額

（資料）日経電子版2025年1月13日付を一部修正

さらに、掛け金の限度額が大幅に拡大される見込みです。特に企業年金がない（少ない）会社員や公務員・教員の場合、**現在の上限額は最大でも月2・3万円または2万円**ですが、これが**6・2万円に大きく引き上げられる方向**で検討されています。

実際のiDeCo上限額は6・2万円から企業型確定拠出年金（DC）や確定給付年金（DB）の掛け金の合計額を引いた額です。公務員はDC等の掛け金相当額が一律8000円、教員（私学共済加入者）は一律7000円とみなされているので、iDeCo上限額はそれぞれ5・4万円と5・5万円に引き上げられる見込みです。

Q-58

NISAとiDeCo、賢い使い分けは？

Ans.

老後資金は節税しながら貯蓄できるiDeCoも有効活用を。
老後を迎える前に引き出すお金はNISAで。
大きく値上がりしそうなものは課税されないNISAで。
NISAとiDeCoの併用も検討を。

60歳よりも前に引き出すお金はＮＩＳＡが鉄則

ここまでＮＩＳＡやｉＤｅＣｏの概要をみてきました。結局のところ、これらをどう使い分けたり併用したりすればよいのでしょうか。

最初に押さえるべきが、**「いつ使うお金か」**です。ｉＤｅＣｏは原則60歳になるまで引き出せない「年金制度」なので、基本的には老後資金を貯蓄するツールです。もちろん老後資金でなくても、住宅リフォーム費用など60歳以降に使うお金ならｉＤｅＣｏで貯めることも検討に値します。

逆に60歳になる前に使うお金を貯める目的なら、ｉＤｅＣｏではなくＮＩＳＡを利用するのが鉄則です。

老後資金の準備はＮＩＳＡ・ｉＤｅＣｏどちらがお得？

問題は60歳以降に使うお金の場合「どちらがお得か」ですが、これは一概にはいえません。ｉＤｅＣｏなら掛け金が所得控除されて節税になります。ただしｉＤｅＣｏは受取時に原則課税されますし（優遇制度あり）、口座管理手数料が年間２０００円程度から

7000円程度かかります（金融機関によって異なります）。

拠出時の節税額よりも手数料のほうが大きいなら、iDeCoを利用するメリットはほぼないといってよいでしょう。これはご本人の税率とiDeCo拠出額を掛け算して**節税額を概算し、手数料と比較することで〝見当〟をつける**ことができます。

見当というのは、将来の税率が不確実だからです。年収が増えたり減ったりすると税率も変わることがありますし、将来の拠出額や口座管理手数料も変わるかもしれないので、絶対的・確定的な計算はできません。

超長期投資ならNISAがお得？

さらに厄介なのが、引き出すときに資産がどのくらいに増えているか不確実なことです。**iDeCoは受給時の資産額が大きいほど税金も多くなります。**本書では投資信託のリターンを年率6％と仮定しましたが、結果的にもっと高いリターンが実現するかもしれませんし、6％未満となる可能性も否定できません。

また、図2－3や図2－7で示したように、投資期間が長くなるほど資産額が加速度的に増えることが期待されます。ですから、若い人などで**投資期間が数十年に及ぶ人は、受**

給時も課税されないＮＩＳＡを利用したほうがお得な可能性が高いといえるでしょう。

大きく値上がりしそうな商品はＮＩＳＡ、安定商品はｉＤｅＣｏで

同様に、**株式投信など相対的に高いリターンが期待できる金融商品はＮＩＳＡ**で購入し、預貯金や債券など**株式投信よりも期待リターンが低い金融商品をｉＤｅＣｏ**で購入するのも**戦略的には正しい**と思います。

もちろんｉＤｅＣｏの節税額が手数料を上回ることが条件ですが、このようにＮＩＳＡとの併用も考えられます。

第5章

「年金」の真実

最終章では「ゆとりある老後」のために、NISAやiDeCoを活用して「いくら貯蓄をつくればよいか」を考えます。第1章や第2章でご説明したことを踏まえて論を展開しますので、必要に応じて前の章を参照しつつ理解を深めてください。

Q-59

公的年金で老後資金をどのくらいカバーできる?

Ans.

年金だけでは「最低限の日常生活費」すらカバーできないケースも。ゆとりある老後生活費は、厚生年金でもカバーできない。国民年金はより深刻な事態。

年金だけでは「最低限の日常生活費」すらカバーできないケースも

第4章で「年金だけでは平均的な老後生活費をカバーできない」という話をしました。もう少し詳しくみてみると、**実態はより深刻**です。

生命保険文化センターが実施した「生活保障に関する調査（2022年度）」によると、「老後を夫婦2人で暮らしていくうえで、**日常生活費**として月々最低いくらぐらい必要か」というアンケートに対して、約4800人の回答の**平均は「毎月23・2万円」**だそうです。

年金額はどうでしょうか。

夫婦2人とも厚生年金の場合は年金月額およそ32・5万円（2024年度）なので、最低必要額（23・2万円）をクリアーしています。

しかし、1人が厚生年金、もう1人が国民年金の場合は年金月額およそ23万円なので、最低必要額に足りるか足りないかといったところです。

2人とも国民年金の場合は年金月額およそ13・6万円ですからまったく足りません。繰り返しますが「最低限の日常生活費」すらまったくカバーできないわけです。

ゆとりある老後生活費は月38万円

一方、このアンケートで「夫婦2人のゆとりある老後生活費」を尋ねたところ、回答者の平均は月37・9万円でした。

ゆとりある生活とは、旅行・レジャー、日常生活費の充実、趣味や教養、子や孫への資金援助などに使うために、**最低必要額よりも月15万円ほど上乗せしたい**という意味です。この場合、夫婦2人とも厚生年金でも足りません。片方が国民年金の場合や2人とも国民年金の場合はまったく足りません。

単身世帯はどうでしょう。ゆとりある老後生活費を2人世帯の7割と仮定すると、厚生年金でも月10万円ほど、国民年金の場合は月20万円ほど足りない状況です。

実際、先ほどのアンケートでも**「老後の日常生活費を公的年金で賄えない」という回答が7割以上**を占めています。

図 5-1 ゆとりある老後生活費と年金額

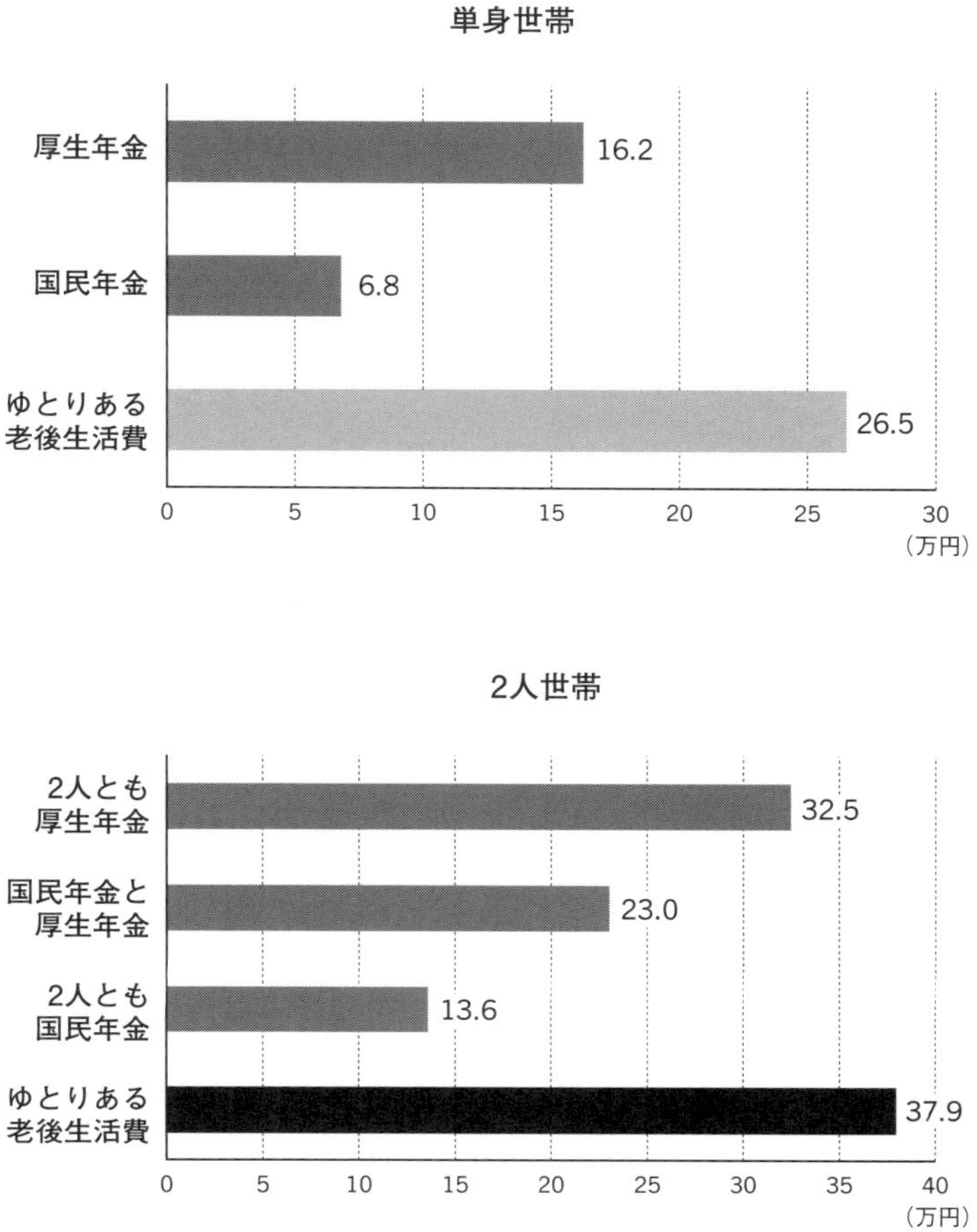

(注)国民年金(老齢基礎年金)は満額、厚生年金は男性の平均的な年収で40年間勤務した場合の2024年度の年金額。単身世帯のゆとりある生活費は２人世帯の7割とした
(資料)厚生労働省、生命保険文化センター「生活保障に関する調査2022年度」

Q-60

「ゆとりある老後」のためには、いくら貯めればいい？

Ans.

「新2000万円問題」が「2300万円問題」に悪化。
NISAやiDeCoを活用し、不足分プラスアルファを貯蓄するのが必達目標。

ゆとりある老後「2300万円問題」

2019年に「老後2000万円問題」が大きな話題になりました。家計調査によると高齢夫婦無職世帯の平均収入は支出よりも毎月5・4万円不足しており、30年間の累計では約2000万円足りないというものでした。ただ、これは「毎月の支出額がおよそ26万円」なので、割と質素な生活だと思います。

当時、私は**もう少し踏み込んだ試算**をしようと思いました。そして退職金や退職年金（企業年金）、公的年金の繰り下げ受給などを加味したうえで、**「ゆとりある老後」には夫婦2人で2000万円ほど足りないことを突き止め、「新2000万円問題」**としました（前著『40代から始める 攻めと守りの資産形成』第7章）。

ここでは最新の試算結果を紹介します。

先ほどご説明したように**「ゆとりある老後」に必要な額**は夫婦2人で**毎月37・9万円**です。**65歳から90歳まで25年間の合計では実に1億1370万円**にのぼります。90歳までとしたのは、65歳時点の女性の平均余命が24・3年、すなわち平均的には89・3歳まで生きる

図 5-2 **ゆとりある老後に必要な貯蓄額の試算**

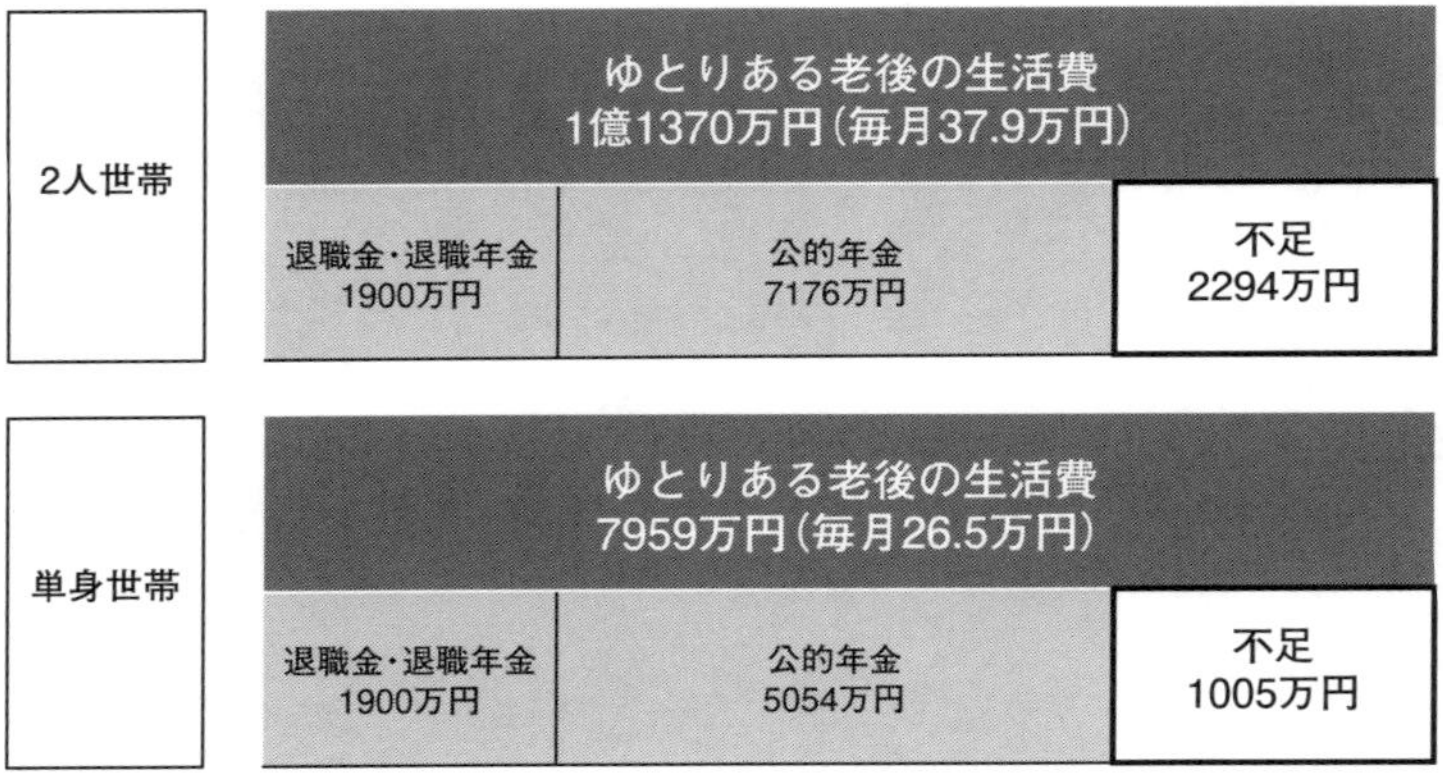

（注）生活費は65歳～90歳の25年間、2人世帯は片働き、公的年金は男性の平均賃金で40年間加入し、70歳受給開始の場合

からです。ちなみに男性は84・4歳です。

収入は退職金・退職年金がおよそ１９００万円（大学・大学院卒の平均、２０２２年）、公的年金が７１７６万円（１人が厚生年金、もうひとりは国民年金）で、これらの合計が９０７６万円です。なお公的年金は２人とも70歳受給開始とします（5年繰り下げ受給）。この場合、年金額は42％増えますが、税金や社会保険料負担も増えるので手取りベースで3割増えると仮定しています。

25年間の総収入と総支出の差額は２２９４万円です。つまり、ゆとりある老後を送るには、**夫婦２人でざっと２３００万円、少し余裕をみて３０００**

万円ほどの貯蓄が1つのメルクマールになるわけです。

単身世帯についても同様に計算すると（ゆとりある老後生活費は2人世帯の7割と仮定）、およそ1000万円となりました。余裕をみて**1500万円くらいが目標貯蓄額**といったところでしょうか。

つまり、NISAやiDeCoを活用しつつ、この不足額を貯蓄するのがひとつの目標になります。そのために毎月いくら投資すればよいかは、図2-3で逆算できます。たとえば利回り6%を想定して30年後に3000万円を貯めるには、毎月3万円強（3000÷979=3・06）という具合です。

もちろん生活スタイルは人それぞれですし、公的年金や退職金の額もまちまちなので、あくまで平均的な姿に過ぎません。次項以降で**ご自身にカスタマイズする方法**をご説明します。

Q-61

若い世代は「ゆとりある老後5000万円問題」も？

Ans.

インフレ、賃上げなど将来は不確実。必要な貯蓄額が年率2％で増えれば、40年後は「ゆとりある老後5000万円問題」に。

インフレで将来の必要額が増える可能性

先ほど紹介した「ゆとりある老後生活費」は現在の金額です。今後のインフレしだいで将来の必要額が増えるかもしれません。一方、賃上げが続けば退職金・退職年金の増加も期待できますし、公的年金もある程度は増えるでしょう。

「生活保障に関する調査」（生命保険文化センター）によると、2022年の「老後の最低日常生活費」は年率1・8％増えました（2019年比）。同期間の**「ゆとりある老後の生活費」は年率2・1％の上昇**です。

一方、公的年金は本格的な賃上げが始まる以前だったこともあり（年金額は基本的に賃金上昇率に連動）、同期間の国民年金は年率0・1％減少、厚生年金と国民年金の2人世帯は年率0・3％減少しました。

今30歳の人が老後を迎える頃は「老後5000万円問題」も

今後についてはきわめて不確実ですが、先ほどご説明した「ゆとりある老後生活に必要な貯蓄額」が年率1％または2％で増加した場合を試算してみました。

２人世帯の場合、現在の約２３００万円が年率１％で増加すると、現在40歳の人が70歳になる30年後（２０５５年）には３０００万円を超えます。現在20歳の人が70歳になる２０７５年時点では３７７３万円です。

もし年率２％で増加したら、**現在50歳の人が70歳になる２０４５年に約３４００万円、**現在30歳の人が70歳を迎える40年後（２０６５年）は実に５０００万円を超える計算です。

この試算に近いかたちとなるかは今後の経済状況（インフレ率、賃上げ率、年金額など）しだいなので、数字が独り歩きするとよくないのですが、図２－５でご紹介したように少なくとも当面はインフレが続きそうですし、年金給付額を抑制する仕組み（マクロ経済スライドによる調整）も当面は続きそうです。

本章で紹介した**「ゆとりある老後２３００万円問題」は、あくまで現時点の金額に過ぎません。**将来世代はより多くの貯蓄が必要になるかもしれないことをよく理解しておいてください。

その場合、図１－９でご紹介した「孫の将来を見据えた投資術」のような備えが、より重要になるはずです。

図 5-3 ゆとりある老後生活に必要な貯蓄額の将来試算

年後	上昇率	1%		2%	
	西暦(年)	2人世帯	単身世帯	2人世帯	単身世帯
0	2025	2,294	1,005	2,294	1,005
10	2035	2,534	1,110	2,796	1,225
20	2045	2,799	1,226	3,409	1,493
30	2055	3,092	1,355	4,155	1,820
40	2065	3,415	1,496	5,065	2,219
50	2075	3,773	1,653	6,175	2,705
60	2085	4,168	1,826	7,527	3,297
70	2095	4,604	2,017	9,175	4,020

(万円)

Q-62

わたしの年金いくら？①

Ans.

まずは「ねんきん定期便」を確認。
50歳以上の人はある程度の参考になるので捨てないように！
50歳未満の人は年金額よりも「加入実績」の確認を！

年金額によって「必要な貯蓄額」も変わる

これまでの試算に使った年金額はほんの一例に過ぎません。すなわち「国民年金に40年間加入した場合」または「男性の平均賃金で厚生年金に40年間加入した場合」の年金額です。

実際は加入期間や年収（納めた厚生年金保険料）によって受け取れる年金額は人それぞれです。その結果、「ゆとりある老後のために必要な貯蓄額」や**「そのために毎月いくら投資すればよいか」も変わってくる**ので、ご自身がどのくらい年金を受け取れそうかを知ることはとても重要です。

まずは「ねんきん定期便」を見てみよう！

公的年金に加入していると毎年の誕生月に「ねんきん定期便」が届きます。通常ははがきで届きますが、後述する「ねんきんネット」に登録すると**「電子版ねんきん定期便」**を受け取ることができます。はがきよりも少し早く届きますし、パソコンやスマホに保管しやすくて便利です。

ねんきん定期便には、これまでの加入実績や65歳時点で受け取れる年金額（見込み額）が記載されていますが、注意してほしいのは、**50歳未満と50歳以上で記載内容がまったく異なる**ことです。

50歳以上は「今と同じ条件で60歳まで加入し続けた場合の年金額（見込み額）」が記載されているので、**ある程度の参考になる**でしょう。

一方、**50歳未満**の場合は過去の加入実績のみを基に年金額が計算されています。これは**「今後、年金に加入しなかった場合の年金額」**と解釈できますが、今後も公的年金に加入（保険料を納付）すれば実際の年金額は増えます。50歳未満の人は試しに1年前や2年前のねんきん定期便に記載されている年金額と直近の額を比較してみてください。年金保険料を納めていれば、毎年増えているはずです。

50歳未満は年金額よりも「加入実績」の確認を

個人的には**50歳未満のねんきん定期便に記載されている年金額はほとんど意味がない**と思っています。特に20代や30代の人は「過去の実績」が短いですし一般的にはこれから年収が増えて見込み年金額も増えるわけですから、**定期便の数字を見て悲観する必要はまっ**

たくありません。

重要なのは「加入実績」を確認することです。「これまでの年金加入期間」という欄に国民年金、厚生年金それぞれの加入月数が記載されています。老齢年金を受け取るには原則120カ月（10年）以上が必要です。

また、学生のとき国民年金保険料を納めたか、転職時の年金記録が正しく引き継がれているか等を確認して、もし保険料免除期間や猶予期間があったり、万一にも誤りがあったりした場合は、保険料を追納したり年金事務所に問い合わせたりする等を検討してください。

Q-63

わたしの年金いくら？②

Ans.

公的年金シミュレーターで自分の年金を「見える化」しよう。
ねんきん定期便があれば入力は簡単。
今後の年収なども反映できる。

結局、自分の年金っていくら?

より正確に自分の見込み年金額を知るには**「公的年金シミュレーター」が便利**です。2022年4月に厚生労働省が提供し始めたもので、誰でも無料で利用できます。もちろんスマホからもアクセスできます。

ユーザー登録やパスワードの設定は不要とお手軽で、**利用後はデータが自動削除**されるので個人情報保護の観点からも安心です。

使い方も簡単で、生年月日を入力したら、ねんきん定期便に掲載されている二次元コードを読み取るだけです。**これまでの加入実績から65歳時点で受け取れる年金額を試算**してくれます。

ねんきん定期便が見当たらない場合は、「働き方・暮らし方」の欄で年金の種類や年収などの必要事項を選択・入力すれば試算できます。なお「働き方・暮らし方」は複数入力できるので、たとえば25歳まで学生（国民年金）、26歳から49歳まで会社員・公務員（厚生年金）、50歳から64歳まで自営業（国民年金）といった設定も可能です。

図 5-4　公的年金シミュレーターの基本操作の流れ

「公的年金シミュレーター」をスマホで検索 ▶ 生年月日を入力 ▶ 「試算する」をタップ ▶ 「年金に関する過去の情報欄を開く」をタップ ▶ 「二次元コードを読み込む」をタップ ▶ ねんきん定期便に掲載の二次元コードにカメラを合わせる ▶ 試算結果が表示される ▶ 「今後の年収」「就労完了年齢」「受給開始年齢」を変更する ▶ 自動的に試算結果に反映される

公的年金シミュレーターを活用しよう！

50歳以上のねんきん定期便に記載されているのは「今と同じ条件で60歳まで加入した場合」の見込み年金額です。公的年金シミュレーターでは「今後の年収」「就労完了年齢」「受給開始年齢」を設定でき、それに応じた見込み年金額が即座に表示されます。**50歳以上の人は自分の年金額を「見える化」**してみるとよいでしょう。

50歳未満の人は、そもそもねんきん定期便の年金額にあまり意味がないので、公的年金シミュレーターを積極活用して

老後マネープランに役立ててほしいと思います。

ねんきんネットに登録しよう！

日本年金機構が運営する「ねんきんネット」に登録しておくと、自分の年金記録や電子版「ねんきん定期便」の確認などができます。

公的年金は保険料免除や猶予の期間があると、満額を納めた場合よりも年金額が少なくなってしまいます。ねんきんネットでは年金記録（加入実績）をいつでも確認することができるほか、**未納分の保険料を追納すると年金がどのくらい増えるか試算**できます。さらに追納手続きの際に、ねんきんネットの**画面上で追納申込書を作成**することもできます。

また、毎年の誕生日の少し前にメールが届き、**電子版「ねんきん定期便」**の案内を受け取ることができます。電子版なのでＰＤＦでダウンロードして保管・管理することもできます。

面白いアンケート結果があります。日本の消費者が「ある程度のインフレは必要だ」と考え始めた様子があるのです。どういうことでしょうか。

これは、インフレで物の値段が上がるのはいやだけれど、**「勤務先が製品やサービスを値上げしなかったら、自分の給料が増えない！」**ことに気づいてきたということです。

今や多くの人が、消費者・生活者であると同時に労働者でもあります。専業主婦（夫）も同様で、「値上げはもちろんいやだけれど、配偶者の給料が増えないのはもっと困る」というわけです。

日本がインフレ時代に入るなど、コロナ前はなかなか想像できることではありませんでした。消費者が値上げを受け入れているわけではないと思いますが、「ある程度はやむを得ない」と考え始めたということは、この**インフレが持続する可能性**が高まっているのでしょう。

本書の第1章「Q－1」に登場した友人の後日談を紹介しましょう。「投資って損するかもしれないんでしょ？　絶対いやだ！」と語った友人です。

新NISA制度が始まる少し前の2023年秋、その友人から丁寧なメッセージが届きました。

「あの～、今さらですが、NISAを始めようと思うので、井出さんが出演している解説動画などを教えてもらえますか？」

とても真面目な人なので自分で勉強しようと思ったのでしょう。同じ時期、他の友人たちからも投資に関する問い合わせを多くもらいました。

共通しているのはインフレによる意識変化だと思います。日々の生活であらゆる物やサービスの値上がりを実感する一方、銀行預金ではお金はほとんど増えない……。

さらにここ数年、資産形成セミナーで若い世代の参加者が明らかに増えました。30歳前後のご夫婦や、お母さんが赤ちゃんを抱っこして1人で参加しているケースもみかけます。

インフレはここまで人々の意識を変えるものかと、全国のセミナー会場に足を運んで私自身がもっとも感じているのかもしれません。

ところで、本書の中で「投資開始から5年以内は普通に元本割れする」「長期になるほど資産が加速度的に増える」と説明しました。これらは計算上の話、あくまで理論上の話ですが、**実際のつみたて投資でも似たような結果になっている**例があることを付記しておきます。

本書の出版にあたっては、緻密なスケジュール管理をはじめ臨機応変にサポートしてくださった編集者の酒井圭子氏に深く感謝いたします。最後に、常に温かい言葉で励ましてくれた母、仕事に専念できるよう協力してくれた家族に感謝します。

2025年3月

井出真吾

・本書掲載の情報は基本的に2025年2月時点のものです。今後予告なく変更される場合があります。
・本書の内容はすべて筆者の個人的な見解です。所属する団体の見通しや意見とは関係がありません。
・本書は特定の金融商品の推奨や投資勧誘を意図するものではありません。最終的な投資の判断は、最新の情報を確認し、ご自身の責任で行ってください。
・本書を利用したことによるいかなる損害などについても、筆者・所属する団体および出版社はその責を負いません。

【著者略歴】

井出真吾（いで・しんご）

ニッセイ基礎研究所 主席研究員 チーフ株式ストラテジスト

1993年、東京工業大学卒業、日本生命保険相互会社入社。1999年、株式会社ニッセイ基礎研究所、2023年より現職。

専門分野は株式市場・株式投資・マクロ経済・資産形成。科学的かつ客観的な分析とわかりやすい解説には定評があり、新聞・テレビなどメディア露出多数。企業・報道機関主催のセミナーなどでも人気を博すほか、学会活動にも精力的に取り組む。日本証券アナリスト協会認定アナリスト。

著書に『40代から始める 攻めと守りの資産形成』『株式投資 長期上昇の波に乗れ！』『本音の株式投資』（いずれも日本経済新聞出版）、『ROEを超える企業価値創造』（共著、日本経済新聞出版）など。

井出真吾の投資相談室
63のQ&Aでわかる安心運用

2025年4月16日　　1版1刷

著　者　　井出真吾

発行者　　中川ヒロミ

発　行　　株式会社日経BP
日本経済新聞出版

発　売　　株式会社日経BPマーケティング
〒105-8308　東京都港区虎ノ門4-3-12

印刷・製本　三松堂

ISBN978-4-296-12119-9

本書籍に関するお問い合わせ、ご連絡は下記にて承ります。
https://nkbp.jp/booksQA

Printed in Japan